BARCELONA SECRETA

VOLUM IV

BARCELONA SECRETA

Primera edició: febrer de 2023

Viena Edicions és un segell del Grup Enciclopèdia
Còrsega, 307, entl. 2a - 08008 Barcelona
Tel.: 93 453 55 00
www.vienaedicions.com
viena@vienaedicions.com
Coordinació editorial: Marta Bes Oliva (Viena Edicions)
Disseny de coberta i interior: Andy Noguerón

ISBN: 978-84-18908-93-4
Dipòsit legal: B-18897-2022
Fotocomposició: Alfa
Impressió i enquadernació: Índice

Índex

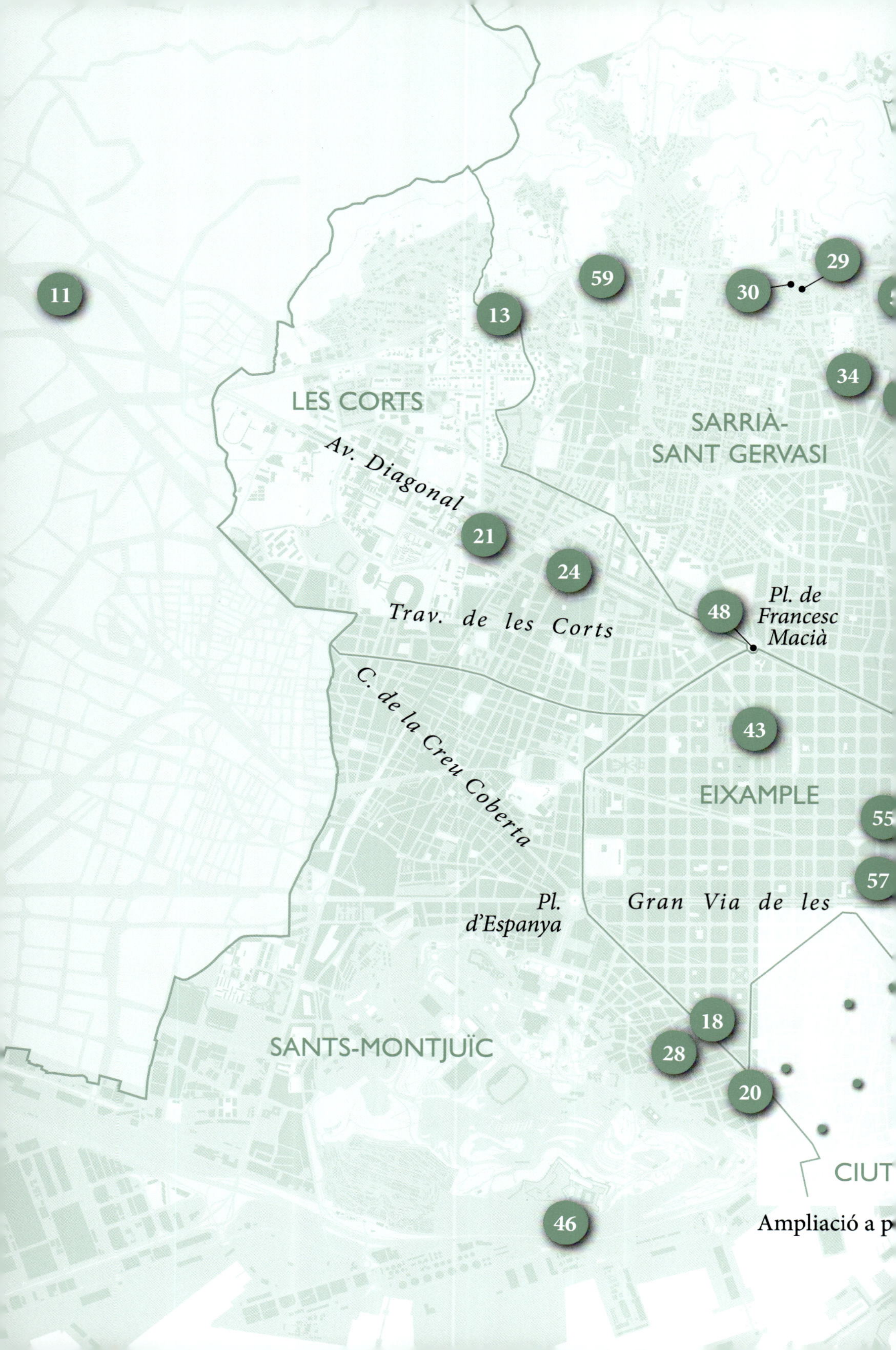

11
59
29
30
13
34
55
57
LES CORTS
SARRIÀ-
SANT GERVASI
Av. Diagonal
21
24
48
Pl. de
Francesc
Macià
Trav. de les Corts
C. de la Creu Coberta
43
EIXAMPLE
Pl.
d'Espanya
Gran Via de les
18
28
20
SANTS-MONTJUÏC
CIUT
46
Ampliació a p

NOU BARRIS
HORTA-
GUINARDÓ
GRÀCIA
SANT ANDREU
de Gràcia
Avinguda Meridana
Av. Diagonal
Catalanes
Pl. de les Glòries
Carrer de Pere IV
SANT MARTÍ
47
49
27
12
11
35
45
52
54
41
37
25

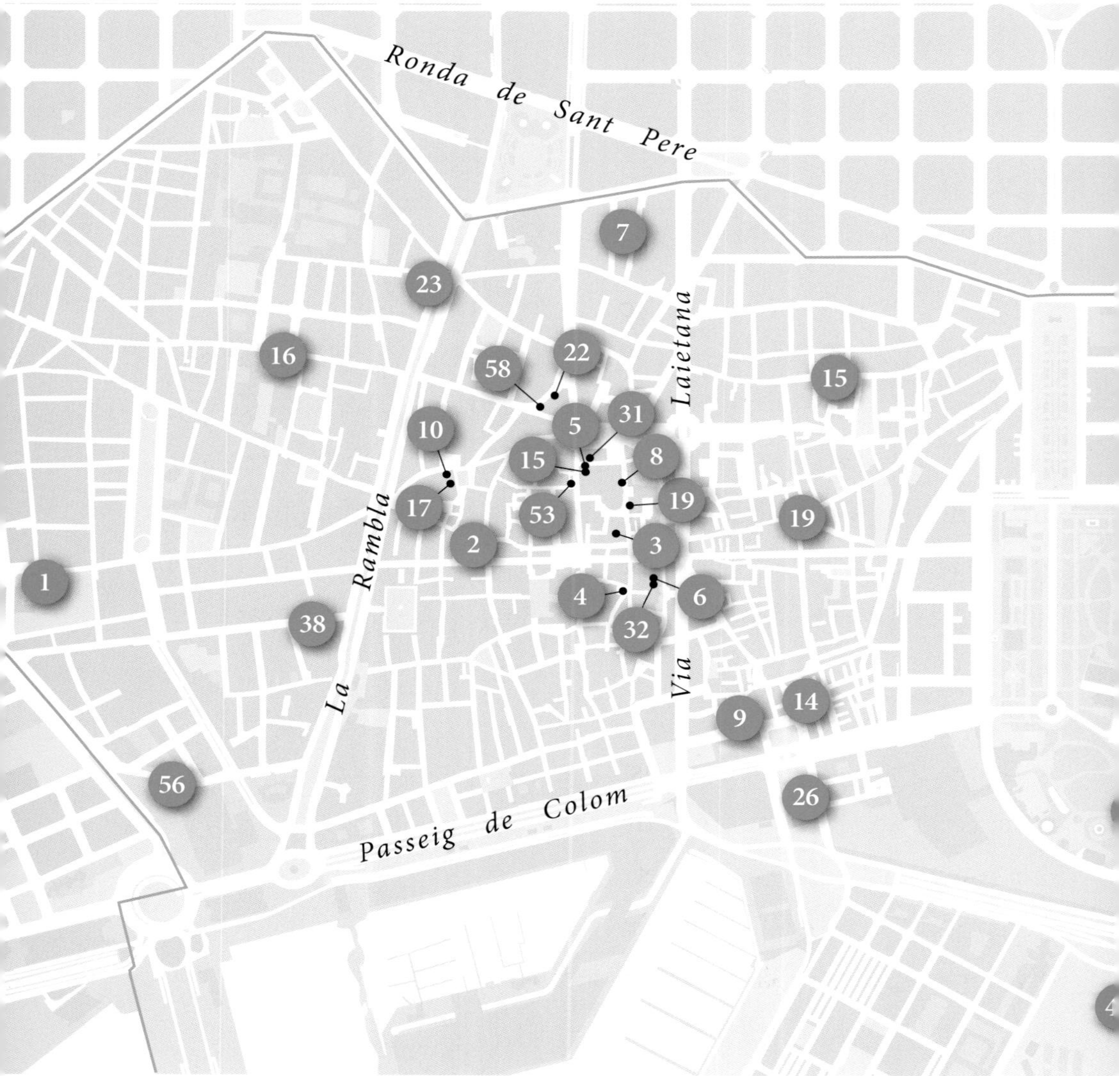
Ronda de Sant Pere
Laietana
Via
La Rambla
Passeig de Colom
7
23
16
22
58
31
15
5
10
8
15
19
19
17
53
2
3
1
38
4
6
32
14
9
56
26

Introducció

Sabíeu que un dels edificis més emblemàtics de Gaudí a Barcelona va ser durant un temps una comissaria i que una de les seves estances va ser un calabós? O que l'antiga comissaria de la rambla del Poblenou va ser reconvertida en un habitatge que encara manté part d'una de les cel·les? O que sota un edifici de l'avinguda del Tibidabo es conserva en perfecte estat un búnquer soviètic de l'època de la Guerra Civil? O que hi ha un petit palauet, a l'avinguda de Sant Gervasi, construït per a l'Exposició Universal de 1888 com a pavelló de jocs de qui més tard seria el rei Alfons XIII i la seva germana?

Doncs tot plegat encara existeix a la Barcelona d'avui. Les històries d'aquestes curiositats i cinquanta-sis més les podeu trobar en aquest cinquè volum de secrets i curiositats de Barcelona, una nova entrega de la recopilació d'articles publicats cada diumenge per l'autor a la secció «Barcelona secreta» de *lavanguardia.com*.

Barcelona secreta és com la cara B de dos mil anys d'història de la ciutat, des dels romans fins als nostres dies, protagonitzada per petits detalls que sovint ens passen desapercebuts, com ara la farmàcia més antiga, al carrer de Sant Pere Més Baix, fundada el 1561, quan aquests establiments encara es deien *apotecaries*. Sabíeu que el darrer membre de la família que hi va donar nom reposa sota una làpida identificada amb un canó? En aquest llibre ho descobrireu.

I també entrareu en una curiosa mansió al peu del Tibidabo, dissenyada fa més d'un segle amb els cànons àrabs i que recorda l'Alhambra en alguns detalls.

Tot això i més, en aquest nou volum de la *Barcelona secreta*.

Barcelona secreta

Volum IV

1

Els romans de Sant Pau del Camp

Pedres amb inscripcions d'enterraments de ciutadans de Barcino es van reutilitzar en una de les reconstruccions de l'antic monestir del Raval, i avui són visibles en un racó del claustre

L'antic monestir de Sant Pau del Camp és una joia del romànic al Raval no prou coneguda pels barcelonins. Se'n desconeixen amb certesa els orígens, tot i que se suposa que va ser construït a finals del segle IX, i acumula una història de destrucció i ressorgiment de les cendres, des de la incursió d'Almansor l'any 985 fins a la Guerra Civil. També se sap que en la construcció es van aprofitar pedres i elements d'edificacions i monuments anteriors, romans i visigòtics. Un d'aquests

Inscripció funerària romana en una de les columnes del claustre de Sant Pau del Camp.

vestigis es troba al claustre, on es poden contemplar pedres amb inscripcions procedents d'enterraments romans.

Aquestes pedres es troben inserides a les columnes d'un racó del claustre. L'origen, segons els arqueòlegs, sembla funerari. Diverses excavacions han confirmat la presència d'una necròpolis als voltants del monestir. Així, el 1989 es van localitzar les restes d'un assentament rural romà. Tot i que es trobava una mica lluny del que va ser el recinte emmurallat de Barcino, era al costat d'una de les vies d'accés a la ciutat, que avui coincidiria amb el carrer de l'Hospital.

Es tractava d'una vil·la, on també es va localitzar un monument funerari datat del segle I, que tot indica que va pertànyer al propietari de la finca. El mausoleu era de grans dimensions, uns sis per cinc metres, i s'estima que acollia dues sepultures. A la rodalia s'han localitzat altres tombes, i és d'alguna d'aquestes que procedirien les pedres amb inscripcions del claustre.

El reciclatge i el reaprofitament de la valuosa pedra de Montjuïc ha estat una constant des de l'origen de la ciutat. A més de les pedres romanes esmentades, a la porta de l'església de Sant Pau del Camp n'hi ha dues més de ben visibles, amb signes visigòtics, que probablement procedeixen d'un temple anterior. Fins i tot la làpida funerària del comte Guifré II, fill del Pilós, que es conserva a l'antiga sala capitular, va ser reaprofitada d'una anterior, romana, com ho testifica la presència d'inscripcions a l'anvers. Va ser trobada l'any 1596, durant uns treballs de claveguera m a l'actual carrer de Sant Pau, al costat d'una urna de ceràmica amb les restes del comte a l'interior.

2
Les petjades del coliseu

Una pedra en forma d'anell a la Volta del Remei va fer creure durant anys que era el vestigi d'un amfiteatre romà, tot i que hi ha qui creu que havia servit per lligar-hi embarcacions

Encara queda molt per desenterrar i descobrir de la Barcelona romana. Una de les grans incògnites és saber on era el coliseu o amfiteatre. Una estranya pedra en forma d'anell en una façana del carrer de la Volta del Remei va fer pensar durant dècades que s'havia erigit en aquest indret, entre els actuals carrers de la Boqueria i Ferran, però investigacions més recents ho descarten i aposten per altres llocs.

La curiosa pedra està incrustada al capdamunt de l'edifici que s'assenta sobre l'arc que dona nom al petit carrer, des del qual és visible. Al segle XVII, alguns estudiosos suggerien que la pedra és una

Pedra amb forat al carrer de la Volta del Remei, que fa pensar que en aquest indret hi podria haver hagut un teatre o coliseu romà.

resta de l'amfiteatre romà; en concret, una de les peces que haurien sostingut els pals del *velarium*, un gran tendal que cobria part de les grades. A més de la pedra, l'existència d'una plaça anomenada de les Arenes davant del que avui és l'església de Sant Jaume feia pensar també que era un record de l'antic coliseu. La plaça va desaparèixer amb l'obertura del carrer de Ferran.

El folklorista Joan Amades recull així mateix la creença que una petita porta amb arc de mig punt, actualment tapiada, sota l'arc de Volta del Remei podria ser l'entrada de l'estable on es guardaven les feres utilitzades als espectacles. Si bé és cert que les seves dimensions són inferiors a les de l'alçada d'una persona, també és improbable que tingués l'ús esmentat.

Una altra hipòtesi és que la pedra en forma d'anell fos en realitat per lligar-hi embarcacions. Cal dir que en el passat la línia de la costa era molt a prop d'aquest indret. El que sí que sembla cert és que l'antiga Barcino disposava de recintes on gaudir d'espectacles, arran de les evidències arqueològiques. De fet, a la Barcelona romana hi va viure un veritable campió, Luci Minici Quadroni Ver, que va arribar a ser cònsol, i està documentat que es va proclamar vencedor de la cursa de carros a l'Olimpíada de l'any 129 dC.

Actualment hi ha diverses teories sobre la ubicació d'un circ. Una el situa on avui s'aixeca la basílica de Santa Maria del Mar, i la segona, on es troba l'església del Pi. Totes dues se sustenten, bàsicament, en el traçat el·líptic d'alguns carrers que envolten els dos temples. Els murs del recinte s'haurien aprofitat posteriorment per aixecar nous edificis, com va passar, per exemple, amb les muralles. Així, part de la forma del circ hauria arribat fins als nostres dies en un procés que s'anomena fossilització urbana.

En el cas de Santa Maria del Mar, s'hi afegeix la circumstància que antigament era coneguda com a Santa Maria de les Arenes, cosa que podria ser el record de l'antic circ, i reforça la hipòtesi que l'actual carrer de l'Argenteria hauria estat originàriament un camí d'accés al circ des de la porta romana que s'alçava a l'indret on avui hi ha la plaça de l'Àngel. Pel que fa al Pi, estudis basats en excavacions sota l'església indiquen que s'hi han identificat possibles estructures emprades en un circ romà.

MUHBA Temple d'August

3
El cim de Barcino

Una roda de molí al terra del carrer del Paradís assenyala el punt més alt del mont Tàber, un turó entre la plaça de Sant Jaume i la catedral sobre el qual es va edificar la colònia romana

El carrer del Paradís té tres trams separats per dos girs en angle recte que comuniquen la plaça de Sant Jaume amb la zona de l'absis de la catedral. Al número 10 hi ha la seu del Centre Excursionista de Catalunya i, al costat del portal, una roda de molí incrustada al terra. És el senyal que marca el punt més alt del mont Tàber, un turó sobre el qual els romans van edificar la colònia de Barcino.

Es creu que, originàriament, els romans es van instal·lar prop de Montjuïc, al costat del Llobregat, però que les contínues crescudes del riu van aconsellar, al segle I aC, traslladar la colònia, i es va triar el turó esmentat. La nova ubicació oferia diversos avantatges.

Roda de molí que assenyala el punt més alt del mont Tàber.

Un era que, com que era un punt elevat, permetia una bona visió dels voltants i del port. Un altre, que els pendents del monticle facilitaven el drenatge de les aigües residuals.

La presència de la roda de molí del carrer del Paradís marca, en efecte, el punt més elevat de la colònia, però no és l'únic lloc on aquest tipus d'elements va anar formant part, amb el temps, de l'empedrat dels carrers de la ciutat. Aquestes peces, treballades amb pedra de Montjuïc, eren d'una gran qualitat i, quan quedaven obsoletes per utilitzar-les als molins en què es tractava el gra, es reutilitzaven com a part del paviment. A l'Edat Mitjana, molts dels picapedrers que fabricaven les rodes estaven instal·lats a l'actual carrer dels Molers, que comunica Comtal amb Fontanella.

Al carrer del Paradís, la pedra de molí és molt a prop de les restes del temple dedicat a l'emperador August. Quatre de les columnes es conserven dins de l'edifici del Centre Excursionista de Catalunya. Tres formen una de les cantonades de l'antic temple; la quarta es va muntar amb restes d'altres columnes i al principi va estar a la plaça del Rei, fins que va ser traslladada al costat de les seves companyes de Paradís.

En un dels murs del centre excursionista hi ha una placa que indica la cota més alta del mont Tàber, situat a 16,9 metres sobre el nivell del mar.

Placa que marca l'alçada del mont Tàber sobre el nivell del mar.

4

El petit gran arxiu de Sant Just

El considerat primer temple cristià de Barcelona conserva un important fons documental que narra la història de l'església des de 1173, data del pergamí més antic de la col·lecció

Parlar de la basílica dels Sants Just i Pastor és parlar de la història del cristianisme a Barcelona, ja que tot apunta que va ser el primer temple cristianitzat de la ciutat a partir d'un de més antic, romà. L'església ha passat per diverses transformacions al llarg dels segles. L'última data del segle xv, quan es va enderrocar el vell temple romànic per donar pas al gòtic actual. Bona part de la seva història es conserva a l'arxiu ubicat en unes petites però meravelloses estances. El document més antic és

Calavera i altres objectes sobre un armari de l'arxiu històric de la basílica dels Sants Just i Pastor.

un pergamí que data de 1173. L'arxiu és tota una joia i un gran desconegut.

Tot el fons documental està organitzat i identificat metòdicament. N'és el responsable actual l'arxiver Josep Capdevila, que dedica hores de passió i cura a la conservació d'aquesta important memòria històrica. Va heretar la feina del seu sogre, que es va consagrar a aquesta tasca entre el 1956 i el 1991. Avui, l'ordre dels documents és impecable, malgrat les limitacions d'espai i els escassos recursos que hi pot dedicar la parròquia, més enllà del treball personal de Capdevila, però no sempre ha estat així.

El contingut de l'arxiu, com a la majoria d'altres de similars, estava emmagatzemat de qualsevol manera. No va ser fins al 1916 que un vicari va veure la importància d'aquest llegat i en va iniciar la classificació. No obstant això, la mala fortuna va fer que una canonada rebentada mullés bona part dels pergamins desats en un altell. Es van eixugar un a un i es va recuperar tot el que es va poder.

A més a més dels pergamins, l'arxiu conserva diversos llibres manuscrits. Són bàsicament cantorals que havien estat utilitzats per al cor. També s'hi pot trobar tota la documentació sobre les obres de l'església, sobre la comunitat de sacerdots, així com la corresponent a les diverses confraries i associacions vinculades a la parròquia. L'arxiu també es nodreix de diversos objectes religiosos, i fins i tot conserva una misteriosa calavera humana.

L'arxiu rep tan sols un centenar de consultes anuals, majoritàriament d'investigadors, però també de particulars que busquen dades sobre els seus avantpassats a partir dels registres de bateigs i casaments. És precisament entre els llibres de baptisme que Emanuel Almirall, rector dels Sants Just i Pastor el 1714, aprofità per deixar constància d'unes notes sobre el setge i la presa posterior de Barcelona per les tropes de Felip V.

5
Els autògrafs petris de Santa Llúcia

Els murs de la capella estan plens de signes geomètrics, que són les signatures de cada picapedrer per reivindicar i cobrar una feina molt apreciada a l'Edat Mitjana

Unes curioses marques geomètriques gravades a les pedres es distribueixen per les dues façanes visibles de la capella de Santa Llúcia, avui integrada a la catedral de Barcelona. Es poden observar als murs de la porta i al lateral del carrer del Bisbe. Es tracta de les signatures dels picapedrers que van donar la forma precisa a les pedres utilitzades per a la construcció, un ofici molt apreciat a l'Edat Mitjana i que segles després va inspirar algunes de les pràctiques de la maçoneria moderna.

Aquestes marques tenien un doble objectiu. En primer lloc, l'artesà reivindicava la seva feina, que requeria una gran habilitat i

Marques de picapedrers a la paret de la capella de Santa Llúcia.

coneixements de geometria. El mestre d'obres, el que avui coneixeríem com a arquitecte, demanava pedres amb una mida i una forma determinades, i el picapedrer les feia realitat. El segon objectiu de la marca era més pràctic, ja que es feia servir per pagar la feina de cadascun dels obrers.

Entre les marques de Santa Llúcia, crida l'atenció una mena de vuit angulat, així com diverses marques en forma de creu, i fins i tot una que sembla un quatre. La presència d'aquests símbols geomètrics no és, per descomptat, exclusiva de Santa Llúcia, sinó que és un costum estès a tot Europa entre aquests paletes medievals. Se'n troben, sobretot, a les catedrals gòtiques.

La capella de Santa Llúcia va ser construïda entre el 1257 i el 1268. En va ser el promotor el bisbe Arnau de Gurb, que ocupa un dels sepulcres de l'interior del petit temple romànic. Al principi, va ser concebuda com a capella del palau episcopal i estava separada de la catedral. Era un edifici orientat als quatre vents. El creixement de la seu va acabar per integrar-la. S'eliminà l'absis en benefici del claustre, des del qual s'hi accedeix directament. A més de la porta principal, encarada a la Casa de l'Ardiaca, antigament hi havia una altra entrada al carrer del Bisbe que es va tapiar, tot i que encara és possible veure les restes de l'arc superior.

6
La pedra jueva del Palau Requesens

Un carreu de les antigues cavallerisses del palau medieval mostra una inscripció hebrea que podria procedir del call barceloní atacat el 1391 o del cementiri de Montjuïc

Una misteriosa pedra amb inscripcions hebrees destaca als murs de les antigues cavallerisses del Palau Requesens, actual seu de l'Acadèmia de Bones Lletres, al Barri Gòtic. Se'n desconeix l'origen, encara que, amb quasi total seguretat, es tracta d'un carreu reutilitzat per a la construcció del palau, als segles XIII i XIV.

Aquesta no és l'única pedra amb inscripcions hebrees que es pot contemplar als murs del Barri Gòtic. N'hi ha diverses a les places de Sant Iu i del Rei que formen part del Palau del Lloctinent, al

Inscripció hebrea al Palau Requesens.

carrer dels Comtes. En aquest cas, se sap que procedien de l'antic cementiri jueu de Montjuïc, al costat d'on actualment es troba el Mirador de l'Alcalde. Després de l'atac al call de Barcelona de 1391, els béns de la població hebrea de la ciutat van passar a ser propietat de la Corona, inclòs el cementiri, les pedres del qual van ser reutilitzades en la construcció de nous edificis.

Experts en la història del passat hebreu de la ciutat indiquen que la pedra del Palau Requesens no és del cementiri, perquè la composició de les inscripcions no és la pròpia d'una làpida funerària. El més probable, doncs, és que procedeixi de l'antic call. De fet, l'atac i la construcció del palau coincideixen en el temps.

El Palau Requesens, al qual s'accedeix pel carrer del Bisbe Caçador, té la gran singularitat que és un compendi de diferents estils arquitectònics. Està construït sobre l'antiga muralla romana i una de les torres de defensa forma part de l'edifici. A l'Edat Mitjana va adquirir bona part de l'aspecte actual, amb diversos elements gòtics que encara perduren. Des de llavors, ha estat sotmès a diverses reformes en funció de l'ús, des de residencial fins a magatzem, i, actualment, és la seu de l'acadèmia, una institució fundada el 1729 dedicada a estudis filològics i de literatura.

Les antigues cavallerisses són a la planta baixa, amb accés directe des del pati del palau. Fa més d'un segle que aquesta dependència no es fa servir com a quadra. Avui forma part dels espais que l'Acadèmia de Bones Lletres lloga per celebrar-hi esdeveniments.

A PRIMERIES DEL
S.XV HOM ANOMENAVA
AQUEST CARRER DE
L'ASTRUC SACANERA
O SIA DE L'ASTROLEG
O BRUIXOT SACANERA
ASTRUC ÉS UNA
HERBA REMEIERA I UN
MOT ANTIC APLICAT A
ASTROLEGS O BRUIXOTS
AQUÍ ES VENIA LA
PEDRA ESCURÇONERA
POSSEÏDA DE VIRTUT
CONTRA LA RABIA I
LES PICADURES
RICARD BRU
MESTRE OCULTISTA

7
El carrer més esotèric

L'estreta via coneguda com a Estruc, que connecta Fontanella amb Comtal, està senyalitzada amb símbols que recorden que al segle XV hi vivia un bruixot que venia una pedra amb poders curatius

És el carrer més esotèric de Barcelona, per la seva història i perquè qui s'hi endinsi observarà estranys símbols en la numeració de les cases. És molt estret i connecta el carrer de Fontanella amb el carrer Comtal. Fa pendent perquè salva l'anomenat graó barceloní, un desnivell que divideix el pla de Barcelona des de la Trinitat fins a la plaça de la Universitat i que encara és perceptible en alguns punts. Es diu carrer d'Estruc i el nom té a veure amb una mena de bruixot que hi vivia a l'Edat Mitjana.

Dos murals de ceràmica, un a cada extrem del carrer, n'expliquen la llegenda, plens de símbols arcans i relacionats amb la mà-

Mural amb inscripcions esotèriques al carrer d'Estruc.

gia i l'esoterisme en general. També se n'observen a les rajoles que numeren cadascuna de les finques i que el converteixen en un carrer temàtic de la bruixeria i l'hermetisme. Així, els números estan encaixats en uns cercles amb símbols i amb paraules com *Tetragrammation*, *Emmanuel*, *Jehovà* i *Jaleh*, entre d'altres.

L'autor d'aquestes intrigants inscripcions i simbologies és Ricard Bru, que es qualifica com a alquimista i mèdium, el qual, a la dècada de 1980 va demanar i rebre permís per commemorar la història del carrer amb aquesta decoració tan singular. Però la història del carrer i la relació que tenia amb les ciències esotèriques es remunta a segles enrere. Diu la llegenda que al segle XV hi vivia un astròleg i bruixot conegut com a Astruc Sacanera. D'aquí el nom, encara que se sap que el carrer ja era conegut així un segle abans, cosa que significaria que la família del suposat bruixot ja hi residia amb anterioritat.

El bruixot Sacanera vivia al número 14 del carrer i es diu que venia l'anomenada *pedra escurçonera*, que pel que sembla tenia poders curatius i era eficaç contra les picades d'escurçons i altres serps. El bruixot també tenia habilitats per extreure queixals i per treure el mal d'ull. Una de les plaques que Bru va col·locar assenyala la casa on es venia la pedra.

Avui, al carrer d'Estruc ja no hi ha bruixots i fa temps que no s'hi practiquen encanteris. Bé, se suposa, tot i que, ben mirat, no se sap mai.

El número 7 del carrer d'Estruc en la modalitat tradicional a dalt i l'esotèrica, a sota.

8
El cargol de la catedral

El misteri envolta la presència d'aquest animal esculpit en una de les torres. Les teories van des del record d'una plaga fins a una infidelitat, o que simplement senyalitza una escala en espiral

Va ser per una infidelitat? Pel lent desenvolupament de la construcció? Per una plaga? Un símbol cristià? O simplement assenyala una escala en espiral? Ningú no ho sap amb seguretat i és molt probable que no es conegui mai el significat real de la presència d'un cargol esculpit en una de les torres de la catedral de Barcelona. Un misteri més dels que el temple amaga.

En realitat, hi ha una trentena de cargols representats a la catedral, però el del campanar més proper al carrer dels Comtes és el més especial per la seva factura bella i cuidada. És difícil veure'l. Cal situar-se a la part posterior, a l'exterior del temple, i lo-

Un dels cargols de la catedral de Barcelona.

calitzar-lo, si pot ser amb uns prismàtics o un teleobjectiu. Però hi és.

Són diverses les teories sobre el perquè de la seva presència. La closca d'un cargol es relaciona simbòlicament amb la lluna i el cicle de la vida. Hi ha qui argumenta que té a veure amb el ritme lent de construcció de la catedral, i alguns ho atribueixen al record d'una antiga plaga d'aquest animal a la ciutat. Per a d'altres, simplement senyalitza que a la torre s'hi puja i se'n baixa per una escala de cargol.

Una llegenda estesa fa referència a una història d'infidelitats conjugals. Diuen que el constructor de la torre estava tan absort en la feina que desatenia la seva muller. Un dia, un estudiant es va sentir atret per la bellesa de la dona i van començar a veure's i a passejar junts amb freqüència, fet que va originar nombrosos comentaris entre la gent. Van acabar sent amants. Quan el constructor va saber el que passava, en comptes d'enfadar-se amb la seva dona, es va enfadar amb ell mateix, en reconèixer que en tenia bona part de la culpa. Així, hauria decidit esculpir el cargol amb les banyes ben erectes com a senyal públic del seu penediment.

Això diuen que va passar al segle XVI, quan es va construir la torre. La història de la infidelitat no és altra cosa que una llegenda, i les teories de la plaga o l'escala són més creïbles, però sempre ens atrauen i ens agraden més les primeres.

9
La mitja cara del carrer de les Panses

L'edifici que tanca el carreró conserva un misteriós rostre tallat per un balcó. Sembla que es tracta d'una de les carasses que antigament assenyalaven la presència d'un prostíbul

Mig rostre d'un home amb els trets exagerats custodia el carrer de les Panses sota el balcó d'un tercer pis. Es troba sobre l'arc que tanca el carrer per la part superior i que per sota deixa el pas lliure als vianants. El misteri envolta aquest mig rostre, només visible des del nas fins a la barbeta. Els ulls i el front estan tallats pel mateix balcó. Literalment, du el balcó per visera.

No se sap l'origen d'aquesta petita escultura. Pot ser simplement una pedra reaprofitada com a motiu decoratiu en alguna reforma

Rostre masculí tallat, a sota d'un balcó del carrer de les Panses.

de l'edifici, tot i que l'opinió generalitzada és que es tracta d'una de les carasses que antigament indicaven la presència d'un prostíbul. Joan Amades, no obstant això, a la seva obra *Històries i llegendes de Barcelona*, assegura que no hi ha notícies sobre l'existència d'una casa de cites en aquest carrer, però sí al veí de les Portadores, cosa que donaria veracitat a la hipòtesi del reaprofitament i trasllat de la figura, una pràctica, d'altra banda, molt habitual a Barcelona.

L'enigma és per què el rostre està tallat pel balcó. Potser perquè la petita escultura original tenia la part superior danyada, o simplement va ser un caprici del constructor o propietari de l'edifici.

El costum d'assenyalar els prostíbuls amb un rostre esculpit es remunta als segles XVII i XVIII. Es tractava d'una mena de codi reconegut entre els soldats i els mariners, clients habituals d'aquests establiments quan arribaven a port i desembarcaven. De fet, el rostre del carrer de les Panses és a la Ribera, l'antic barri mariner de Barcelona.

Molt a prop hi ha dues de les carasses més conegudes i ben conservades. Una és a la cantonada del carrer de Mirallers amb Vigatà. En aquest cas, és una cara de dona. No gaire lluny, a la cantonada del carrer de les Mosques —el més estret de la ciutat— amb Flassaders, es conserva un altre rostre masculí, conegut amb el nom de Papamosques. Hi ha qui assegura que és una rèplica del Papamoscas de la catedral de Burgos, una figura que forma part del rellotge del temple i que obre i tanca la boca cada cop que toca les hores. Però la relació i la semblança són inexistents.

L'existència d'un antic prostíbul indicat amb aquesta cara al carrer de les Mosques és real. Fins i tot, entre els barcelonins corria la dita que «al carrer de les Mosques hi fan funció a les fosques».

Rostre femení al carrer de Mirallers.

10
Una mania de Jujol va ressuscitar la rosassa del Pi

Un dibuix de tres metres que l'arquitecte va encarregar als alumnes i que encara es conserva va permetre reconstruir el gran finestral gòtic de l'església, destruït durant la Guerra Civil

L'església de Santa Maria del Pi té en la rosassa un dels elements més característics, per les grans dimensions. Fa 10 metres de diàmetre, una de les més grans que hi ha a l'arquitectura gòtica. Va ser destruïda durant la Guerra Civil i es va poder reconstruir gràcies a Josep Maria Jujol, que uns anys abans de la contesa havia fet dibuixar a gran format la rosassa als seus alumnes d'arquitectura. El dibuix es conserva a l'Escola Tècnica Superior d'Arquitectura de Barcelona.

Rosassa de l'església de Santa Maria del Pi des de l'interior de l'església.

La reproducció d'elements arquitectònics a gran format era una tasca habitual que Jujol, deixeble de Gaudí, solia encarregar als alumnes. Va ser gràcies a aquesta mania que la rosassa del Pi es va poder recuperar tal com era abans de desaparèixer. Els treballs de reconstrucció van ser encarregats al mateix Jujol poc després del final de la guerra.

La rèplica, que és la que actualment es pot apreciar a l'església, parteix, com l'original, de set estrelles situades al centre que representen el rostre de Déu. Del centre sorgeixen 12 pètals que simbolitzen les 12 tribus d'Israel mitjançant estrelles de David i els escuts de l'església del Pi, el de Barcelona i les armes dels reis d'Aragó. En un segon cercle concèntric més ampli, es despleguen 24 figures més, corresponents als 24 ancians que se citen al llibre de l'Apocalipsi.

El dibuix que Jujol va encarregar als estudiants es pot contemplar avui dia al replà de l'escala de l'Escola d'Arquitectura comprès entre les plantes sisena i setena. Està retolat pel mateix Jujol, fa uns tres metres i està pintat a l'aquarel·la. Està protegit per un metacrilat que, juntament amb els reflexos de la llum, en dificulta una mica la visió.

La rosassa va ser un dels elements del Pi danyats a conseqüència de l'incendi de l'església a l'inici de la Guerra Civil. També van ser destruïts l'altar major, el retaule, l'orgue i els vitralls, entre altres coses.

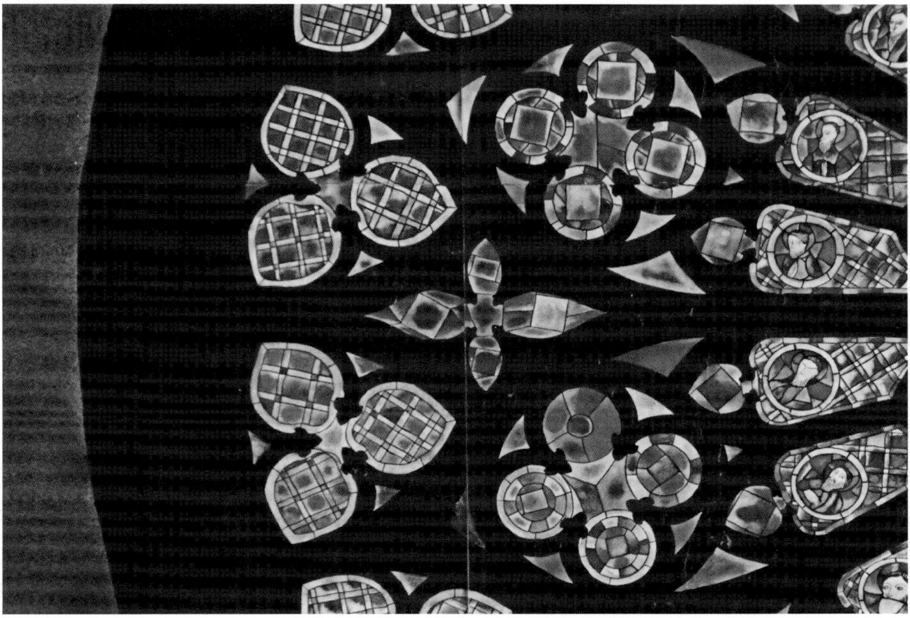

Fragment del dibuix original de la rosassa del Pi que es conserva a l'Escola d'Arquitectura, i que va servir per reconstruir-la després de la Guerra Civil.

11
El claustre que va viatjar dos cops

L'atri gòtic de l'antic monestir de Montsió, que fins a finals del segle XIX va ser al Portal de l'Àngel i més tard a la rambla de Catalunya, es pot admirar avui a Esplugues

Cada darrer diumenge de mes es pot visitar el claustre gòtic del monestir de Santa Maria de Montsió a la ubicació actual, a Esplugues de Llobregat. És allà des de finals de la dècada de 1940, però abans era a Barcelona. Primer, al costat de l'actual Portal de l'Àngel, i més tard, a la rambla de Catalunya, a l'altura de Rosselló.

Algunes de les pedres del claustre encara mostren els números amb què es van senyalar per desmuntar-lo i més tard reconstruir-lo. Aquests números són el testimoni de les dues mudances a

Racó del jardí del claustre de Montsió.

què va ser sotmès aquest magnífic atri gòtic al llarg de la seva història.

L'origen del monestir de Montsió es remunta al 1351, quan una congregació de monges dominiques es va instal·lar a prop de les Drassanes. Al cap de poc temps, van decidir traslladar-se a dins de la ciutat emmurallada per raons de seguretat. Es van instal·lar al costat del que avui és el recinte de l'antic Hospital de la Santa Creu, fins que el 1423 es van traslladar de nou a un antic monestir agustí a l'actual confluència del Portal de l'Àngel amb el carrer de Montsió, que va prendre precisament el nom del recinte religiós.

Allà s'hi va estar durant quatre segles, període en què va arribar a la màxima esplendor, tot i que amb moments de crisi, com la guerra de Successió i la invasió napoleònica. La desamortització de 1835 va obligar la congregació a abandonar l'edifici, on es va instal·lar un teatre operístic que va ser l'embrió del Liceu. Les monges van retornar entre el 1845 i el 1868, quan les autoritats revolucionàries van tornar a confiscar el convent. En van recuperar la propietat el 1875, però l'estat ruïnós de l'edifici va aconsellar el trasllat.

Es van instal·lar llavors en un nou convent que es va construir a la rambla de Catalunya cantonada Rosselló, al qual van traslladar per primera vegada el claustre, pedra a pedra, i on encara subsisteix l'església, avui convertida en la parròquia de Sant Ramon de Penyafort. El nou convent va ser atacat durant la Guerra Civil. Acabada la contesa, i davant de l'alt cost de restaurar el recinte, la comunitat va decidir un nou trasllat, aquest cop a Esplugues, on va adquirir la finca modernista de Can Casanovas i hi va traslladar per segona vegada pedra per pedra el claustre viatger.

Les monges van abandonar definitivament el seu nou monestir l'any 2019, però l'edifici i el magnífic claustre encara hi són.

12
El molí de Sant Andreu

Les restes d'un triturador de gra medieval al costat de l'antic curs del Rec Comtal es conserven mig enterrades al costat del carrer de Palomar, en espera d'un projecte que les recuperi

El Rec Comtal i la xarxa de molins de gra que es distribuïen al llarg del seu curs van tenir un paper determinant en l'economia del pla de Barcelona des de l'Edat Mitjana fins ben entrat el segle XIX. Avui, d'aquells vells molins no en queda cap de dret, i tan sols es conserven unes restes arqueològiques del de Sant Andreu, que es poden observar mig enterrades al solar comprès entre els carrers de Fernando Pessoa, Palomar, Andana de l'Estació i el passeig de Santa Coloma.

Es tractava de molins de blat, que eren de propietat pública, és a dir, de la Corona. Funcionaven gràcies a la força motriu de les aigües de la séquia. Alguns van ser transformats més tard en fàbri-

Restes del molí de Sant Andreu a la vora del Rec Comtal.

ques de farina que van substituir el sistema hidràulic pel vapor. És el cas de la Farinera del Clot, edifici avui reconvertit en centre cultural.

De l'antic molí de Sant Andreu se'n conserva l'estructura que permetia l'accés de l'aigua, alguns murs de contenció i les set entrades dels canals que feien funcionar els rodets. Fa anys, es va cobrir bona part de les restes amb terra per protegir-les, i el 1994 va ser declarat espai de protecció arqueològica.

L'edifici que s'alçava al lloc de les restes actuals va ser enderrocat als anys seixanta per l'empresa Fabricación Nacional de Colorantes i Explosivos SA, que havia comprat els terrenys l'any 1948 per construir-hi una fàbrica. El molí es va mantenir en funcionament fins als anys trenta. Avui dia, el solar és de propietat municipal. El Centre d'Estudis Ignasi Iglésias fa anys que reivindica una excavació arqueològica a fons que determini el valor històric de les restes. Considera que es tracta d'un dels escassos vestigis d'un molí medieval que hi ha a Barcelona.

Les restes estan afectades per un futur equipament previst al solar, que de moment no té data. És per això que l'entitat reclama que es respectin i s'acompanyin d'un projecte d'interpretació per la seva excepcionalitat.

El molí de Sant Andreu l'any 1917, quan funcionava com a fàbrica farinera, en el mateix lloc on hi havia hagut el molí medieval. (Autor: Frederic Ballell. AFB).

13
La cisterna sota el monestir de Pedralbes

El dipòsit, no visitable, fou construït el 1495 per la primera abadessa no lligada als Montcada i recollia l'aigua que es filtrava per una xarxa de captació distribuïda per tot el claustre

Al monestir de Pedralbes, una escala estreta sembla conduir a l'infern. En realitat, però, es tracta de l'accés a una cisterna que antigament garantia el subministrament d'aigua al recinte. És un espai no visitable per al públic però que forma part de la història del monestir, fundat al segle XIV pel rei Jaume el Just i la seva dona, Elisenda de Montcada.

La cisterna va ser construïda el 1495 per ordre de l'abadessa Teresa Enríquez, en el marc d'un conjunt d'obres de modernització del recinte que va promoure. El dipòsit sota el claustre recollia l'ai-

Baixada a l'antiga cisterna del monestir de Pedralbes.

gua que es filtrava a través d'una xarxa de captació distribuïda pel pati interior del monestir. D'aquest sistema també en formaven part el pou, encara existent, així com la Font de l'Àngel, on les monges es rentaven les mans.

Entre el pou i la font encara és visible un accés vertical a la cisterna, cobert per una reixa. En visitar-la, es pot apreciar que, quan la cisterna estava plena, part de les escales continuaven per sota del nivell de l'aigua.

Amb la construcció de la cisterna i altres obres, l'abadessa Enríquez pretenia reivindicar-se al capdavant de la comunitat religiosa, després d'una dura pugna en què el rei Ferran el Catòlic va imposar, a través del Papa, el seu nomenament, en substitució de Violant de Montcada. El monarca tenia un gran interès a controlar la comunitat, molt lligada a famílies catalanes influents. Des de la fundació del monestir, l'abadessa sempre havia estat relacionada amb la família dels Montcada en atenció a la impulsora del monestir, Elisenda de Montcada. De fet, el recinte va néixer pensat com el retir de la reina en morir el seu marit.

Trencar l'enllaç amb els Montcada va ser una de les raons polítiques per forçar el nomenament com a abadessa d'Enríquez, procedent del monestir de Jerusalem de Barcelona i no, per tant, de la comunitat de Pedralbes. Per aconseguir-ho, es va esgrimir que les monges havien relaxat excessivament la clausura i l'estricta regla de les clarisses. Així, la cisterna, a més d'assegurar l'aprovisionament de l'aigua, també es pot interpretar com un dels èxits de la nova gestió del monestir deslligada dels Montcada.

CARRER
DEL
MALCUINAT

14
El menú dels més pobres

El carrer del Malcuinat, entre el Fossar de les Moreres i el pla de Palau, recorda un guisat pudent amb menuts amb què els més desafavorits mataven la gana

Un carrer petit i estret connecta el Fossar de les Moreres amb el pla de Palau. Se'l coneix per l'estrany nom de Malcuinat, que recorda que en aquell lloc es guisava una escudella pudent feta amb sobralles, vísceres i ossos que es venia per molt pocs diners i que consumien les classes més desafavorides. Era una mena d'avantpassat del popular capipota actual.

El malcuinat no era el que avui definiríem com una exquisidesa. Es cuinava directament al carrer i en diversos punts de la ciutat, però ha estat al costat del Fossar on n'ha quedat el record en el nomenclàtor. Durant segles, aquest va ser un barri deprimit i

Carrer del Malcuinat.

mariner, on malvivia una població sumida en la pobresa i hi abundaven els mariners sense feina. I el malcuinat era una gasòfia sempre a mà per matar la gana de tant en tant.

El carrer del Malcuinat es va caracteritzar també durant molt de temps per estar cobert per un pont, que unia el palau reial, que estava situat davant de l'edifici de l'antiga Duana (actual Delegació del Govern) amb l'església de Santa Maria del Mar. Les restes d'aquesta passarel·la van sobreviure fins a finals de la dècada de 1980, quan el Fossar de les Moreres va ser sotmès a una profunda reforma. Aleshores, el palau reial ja no existia; va ser destruït el 1875 per un incendi.

Inicialment, el palau reial va ser al segle XIV un mercat i magatzem de mercaderies que arribaven al port. Amb els anys, va anar experimentant diverses reformes i ampliacions, fins que a mitjan segle XVII va ser convertit en palau del virrei. El pont es va construir el 1700 perquè el representant del rei pogués assistir directament als oficis religiosos. Després de la guerra de Successió i la caiguda de Barcelona el 1714, el càrrec de virrei va ser suprimit i l'edifici va passar a ser residència del capità general, fins que aquesta es va traslladar a l'antic convent de la Mercè.

Encara que el palau va servir en algun moment per allotjar l'arxiduc Carles d'Àustria, rival de Felip V per ocupar el tron d'Espanya, i també, el 1802, el rei Carles IV, no es va condicionar com a palau reial fins al 1864, aprofitant una visita d'Isabel II a Barcelona. Amb tot, aquest ús reial va ser efímer a causa de les flames, només 11 anys després.

15
L'apotecari del canó

La farmàcia Padrell, a Sant Pere Més Baix, és la més antiga de la ciutat, de 1561. L'últim de la saga familiar, Leopold, era sacerdot i va ser enterrat sota un enigmàtic jeroglífic

La farmàcia Padrell, al número 52 del carrer de Sant Pere Més Baix, és la més antiga de Barcelona, fundada el 1561, segons consta al mateix rètol de l'establiment. Aleshores, les farmàcies s'anomenaven *apotecaries*, i aquesta es va obrir originàriament al barri de la Ribera. Després de la presa borbònica de 1714, la destrucció de bona part de la zona per construir la fortalesa de la Ciutadella va obligar a traslladar l'establiment a l'emplaçament actual. L'últim apotecari dels Padrell està enterrat a la capella de Santa Llúcia, i a la seva làpida hi ha un enigmàtic canó. Per què?

Leopold Padrell era sacerdot a més d'apotecari. Va morir sense descendència a finals del segle XVIII i va posar fi a una dinastia de

Làpida funerària de Leopold Padrell a la capella de Santa Llúcia.

prestigiosos farmacèutics —com se'ls anomenaria ara— barcelonins. Al terra de la capella de Santa Llúcia encara és possible trobar la seva sepultura entre els bancs de la petita església, annexa a la catedral. La tomba està composta per dues làpides. En una es detallen el nom i altres dades que identifiquen el difunt, com la presumpta data de la seva mort, 1761, tot i que hi ha indicis que podria haver viscut vint anys més. La segona làpida està presidida per un canó misteriós amb una «LL» al costat de la boca.

El canó és del tipus que es feien servir per disparar, en especial, pedres. Per això en català rebia el nom de pedrer. Així, la «LL» al final el que fa és compondre fonèticament el cognom Padrell. Representar un cognom mitjançant un jeroglífic era un antic costum molt comú, especialment a les làpides funeràries gremials que es troben al terra en claustres i antigues esglésies.

En morir Leopold Padrell, l'apotecaria va passar a mans del seu empleat Genís Xammar, i ha tingut diversos propietaris des de llavors i fins als nostres dies, però ha conservat sempre el nom de Padrell. No només és la farmàcia més antiga de Barcelona, sinó que també és segurament el negoci degà de la ciutat.

La farmàcia Padrell a la ubicació actual, al carrer de Sant Pere Més Baix.

16

La «Sixtina» del Raval

La seu de l'Institut d'Estudis Catalans conserva la capella de l'antiga Casa de Convalescència, amb unes pintures murals barroques al sostre i una tela de Viladomat al retaule

Alguns dels visitants la comparen amb la capella Sixtina vaticana, però no és comparable ni per dimensió ni per estil. La Sixtina és renaixentista i la que ens ocupa, barroca. Es tracta de la petita i desconeguda capella de la Casa de Convalescència, actual seu de l'Institut d'Estudis Catalans (IEC), al recinte de l'antic Hospital de la Santa Creu. La capella, de 1680, desperta admiració pels frescos que exhibeix al sostre. D'aquí ve l'apel·latiu de *Sixtina*.

Aquesta petita capella va ser l'última peça construïda a la Casa de Convalescència, lloc on es recuperaven els malalts que havien estat tractats a l'hospital veí. Era, a més, el punt de troba-

Capella de l'antiga Casa de Convalescència.

da dels pacients, homes i dones, que estaven en estances separades.

Tot i que està consagrada, no s'hi celebren misses. Els que hi accedeixen a través de les visites guiades que organitza l'IEC no poden dissimular la sorpresa en contemplar les pintures murals del sostre, dividides en quatre seccions, i que també s'estenen per les parets. L'obra s'atribueix a Josep Bal i representa la coronació de la Mare de Déu per la Santíssima Trinitat.

Al fresc, que va ser restaurat abans de la Guerra Civil, també hi apareixen altres figures del santoral, com sant Francesc Xavier, sant Josep, sant Ramon de Penyafort, santa Eulàlia, santa Maria de Cervelló, sant Jaume, sant Felip Neri, sant Cristòfol, santa Teresa i sant Antoni de Pàdua.

També cal destacar el retaule de l'altar. Està presidit per un llenç central que representa la caiguda del cavall de Saule —nom jueu de sant Pau o Pau de Tars— quan se li apareix Jesús camí de Damasc, moment en què es converteix al cristianisme. El quadre, de 1728, s'atribueix a Antoni Viladomat. Està flanquejat per dues figures que representen l'esperança portant una creu i la caritat amb una àncora.

Completen la decoració de la capella rajoles valencianes pintades signades pels germans Passoles, igual que la resta de murals ceràmics distribuïts per l'edifici.

Sostre de la capella de l'antiga Casa de Convalescència.

17
El pont de vertigen del Pi

Una placa recorda que un mestre d'obres conegut per la seva obesitat va caure al buit des de l'estreta passarel·la exterior de l'absis i que, contra pronòstic, en va resultar il·lès

Un singular pont no apte per als que pateixen vertigen transita per l'exterior de l'absis de l'església de Santa Maria del Pi a través dels contraforts. La passarel·la és visible des de la plaça de Sant Josep Oriol i fa un cert respecte. A la façana del temple una placa recorda un accident que es va produir fa més de 200 anys.

Aquest tipus de pont no és habitual als temples gòtics, i encara menys, a l'exterior. És estret i només permet el pas d'una persona. Tampoc no té cap protecció. I, si hem de jutjar pel que explica la

Passarel·la a l'exterior de l'absis de l'església del Pi.

placa esmentada, és especialment perillós per a les persones amb sobrepès. La placa dona compte d'un accident registrat el 6 d'abril de 1806 que hauria pogut tenir conseqüències fatals. Aquell dia es va conèixer la imminent beatificació de sant Josep Oriol pel papa Pius VII. Aquesta va ser un motiu de grans celebracions, perquè era un sacerdot barceloní molt estimat pel poble i compromès amb la ciutat i l'Església catòlica.

Per alguna raó que desconeixem, el llavors mestre d'obres de la catedral, Josep Mestres i Garmatxes, caminava pel pont. De Mestres diuen que lluïa una gran obesitat, causa que, s'apunta, va motivar que es precipités al buit. No obstant això, i contra tot pronòstic, no va patir cap mal. Fins i tot hi va haver qui ho va atribuir a un dels miracles del sant, i això va merèixer la col·locació de la placa per fer constar un fet tan extraordinari.

La beatificació de sant Josep Oriol, que es va oficialitzar el 5 de setembre d'aquell any, es va produir després que l'Església reconegués alguns miracles que se li atribuïen. Entre d'altres, curacions de cecs, sords, coixos, paralítics, i fins i tot la resurrecció d'algun mort. La veritat, més enllà de la veracitat o no dels miracles, és que es va consagrar a la cura i assistència dels malalts pobres. A la seva biografia també s'explica que repartia el seu salari entre els més desafavorits.

Josep Oriol va viure a la segona meitat del segle XVII. Va morir el 1702 al seu domicili del carrer de la Dagueria. Va ser enterrat a l'església del Pi. Pius X el va canonitzar el 20 de maig de 1909.

mmb

18
Als budells de la torre de la muralla

El Portal de Santa Madrona, a les Drassanes, és una de les dues úniques talaies supervivents de les que coronaven el perímetre de la desapareguda defensa medieval de la ciutat

Només dues de les torres que coronaven el perímetre de la desapareguda muralla medieval de Barcelona han sobreviscut a l'enderroc de mitjans del segle XIX, totes dues a l'actual recinte del Museu Marítim, a les Drassanes.

Una es troba sobre l'únic dels portals supervivents, el de Santa Madrona. Penetrar als seus budells i poder observar el fossat des de la part superior ofereix una perspectiva inèdita sobre aquesta part de la ciutat i permet conèixer com eren les torres.

Torre de Santa Madrona, resta de la muralla medieval de Barcelona.

Actualment, la planta baixa de la torre de Santa Madrona és una petita dependència destinada al manteniment del recinte del museu, sense més interès, tret del fet que permet observar-ne part del mètode constructiu. Però, darrere d'una petita porta de fusta, sempre tancada, també s'amaga una estreta escala de pedra que condueix a la part superior, una vegada superada una trapa moderna.

Una passarel·la penjant dona accés als merlets, des dels quals s'obté una vista singular del fossat que s'obre al peu del tram de muralla supervivent, a la banda del Paral·lel. Un es fa una idea de com havia de ser la vida dels sentinelles que antigament guardaven les torres. Des de la torre de Santa Madrona es veu molt a prop, mirant cap al passeig de Josep Carner, la segona torre supervivent, també a càrrec del museu però no accessible.

Les dues torres i el portal formen part de l'únic tram de la muralla que es va salvar de l'enderroc, corresponent al baluard de les Drassanes. Es tracta de part de l'anomenada tercera muralla de Barcelona, construïda entre els segles XIV i XV per protegir l'àrea del Raval, on ja s'erigien importants institucions de l'època, com ara el monestir de Sant Pau del Camp i l'antic Hospital de la Santa Creu.

Actualment, és possible accedir al Portal de Santa Madrona el tercer i el quart diumenges de cada mes, que és custodiat per membres de l'Associació de Recreació Històrica de la Coronela abillats d'època. La Coronela va ser una milícia encarregada de guardar la muralla i els seus portals fins al 1714, quan va ser desarmada i abolida. Els dies d'obertura del portal es pot accedir als jardins del Baluard, però no a l'interior de la torre.

Escala interior de la torre de Santa Madrona.

VIÑAS

19
Grafits estudiantils del Renaixement

Ciutat Vella conserva unes misterioses inscripcions amb lletres vermelles amb què els universitaris rendien homenatge als seus companys graduats amb honors

Unes enigmàtiques inscripcions en vermell sobreviuen en algunes parets de la Barcelona antiga. Consten d'un anagrama que conté la paraula *Víctor* amb un cognom. Es tracta d'uns grafits que es van popularitzar entre els estudiants universitaris a partir del Renaixement, i eren una manera de rendir homenatge als companys que s'havien graduat amb altes qualificacions. Se'n poden trobar en moltes ciutats. A Barcelona n'hi ha encara cinc de molt ben conservats.

Víctor sobre la porta del Palau del Lloctinent.

Quan un estudiant mereixia un Víctor, els seus companys organitzaven una mena de processó en què portaven el graduat amb llitera fins al lloc escollit per fer la inscripció. Segons l'historiador Dani Cortijo, utilitzaven una pintura en què barrejaven sang bovina amb un vernís. El resultat eren unes lletres de color vermell d'aspecte rovellat.

Un dels més ben conservats està situat sobre la porta d'accés al recinte de l'antic Hospital de la Santa Creu, al carrer del Carme. Sobre l'arc de l'entrada es pot llegir el cognom Huguet sota l'anagrama de Víctor. Aquest Huguet va ser probablement un brillant estudiant de medicina.

A la façana del Palau del Lloctinent, al carrer dels Comtes, n'hi ha dos. El primer es troba també sobre l'arc de la porta i està dedicat a un tal Viñas. N'hi ha un altre a la dreta, gairebé a la cantonada amb la baixada de Santa Clara. En aquest cas, no es pot desxifrar el nom de l'homenatjat.

Finalment, se'n troben dos més en un edifici al costat de la capella d'en Marcús, al carrer dels Carders. Un és a la façana de la finca que dona a la placeta d'en Marcús. Està dedicat a Eva. En aquest cas, pot ser un cognom o les inicials de l'estudiant. Just girar a la cantonada, ja al carrer dels Assaonadors, hi ha un altre

Víctor, dedicat a un tal Teixidor. Se'n troben restes en altres racons de Ciutat Vella, però amb prou feines s'aprecien perquè han perdut el color amb el pas del temps.

TRIS TRAS
BREWPUB DEL I.C.A.
REDKEN

20
L'abeurador del Poble-sec

El carrer de Vila i Vilà conserva un dels antics abeuradors per al refresc dels cavalls que tiraven els carros de mercaderies, que va ser una activitat important del barri

Hi va haver un temps en què pels carrers de Barcelona no hi circulaven automòbils, o molt pocs. En canvi, el trànsit era de carruatges tirats per cavalls. Són testimonis d'aquella època els nombrosos senyals que encara subsisteixen als barris històrics que indiquen la direcció que havien de prendre els carruatges; o les anelles que es resisteixen a desaparèixer d'alguns murs per lligar-hi les cavalleries; o els topalls arrodonits de pedra que rematen moltes cantonades, guardacantons que evitaven que els carruatges danyessin els edificis durant les maniobres de gir. I, per descomptat, antics abeuradors, com el

Antic abeurador al carrer de Vila i Vilà, al Poble-sec.

que es conserva al Poble-sec, al carrer de Vila i Vilà, a l'altura del número 77.

L'abeurador té dues piques i ja fa temps que no té subministrament d'aigua. Una placa a terra explica que formava part d'una xarxa d'abeuradors que es va estendre per tota la ciutat al segle XIX. Eren els punts on els cavalls podien descansar i refrescar-se durant els durs trajectes arrossegant la càrrega pesant que transportava el carro.

El Poble-sec s'havia especialitzat en aquest ofici com a conseqüència de la proximitat de les pedreres de Montjuïc i el port. Al barri eren nombrosos els establiments que es dedicaven a l'activitat econòmica del transport. El carrer de Vila i Vilà era precisament un dels eixos principals per a la circulació de les cavalleries. Alguns transportistes disposaven de més d'un centenar de carros.

L'abeurador de Vila i Vilà no és l'únic vestigi de l'activitat del transport al Poble-sec. Al carrer de la Concòrdia subsisteix la que potser és la senyalització del pas de carruatges més singular de Barcelona. No és una placa, sinó que està directament cisellada a la façana del número 6. Malauradament, està tapada parcialment per un embull de cables de telèfon, fet que la fa passar desapercebuda.

Antiga senyalització per a la circulació de carruatges al Poble-sec.

21
La defensa mil·lenària de les Corts

L'hotel Sofia conserva una masia amb les restes d'una torre circular de vigilància construïda després de l'atac d'Almansor de l'any 985 i que el 1714 va ser incendiada

Can Vinyals de la Torre és una masia mil·lenària de les Corts que forma part de l'hotel Sofia, que s'erigeix entre la Diagonal i el recinte de la Maternitat. La seva característica més singular és que té adossada una torre cilíndrica de defensa del segle x, de la qual només queda la base. És per això que se la coneix també com la Torre Rodona.

La torre va ser construïda per prevenir invasions musulmanes després de la incursió d'Almansor a Barcelona l'any 985. A la torre s'hi va afegir la masia, que ha passat per diverses reformes i reconstruccions fins a arribar als nostres dies. Tot i que ha tingut

Les restes de la torre rodona de vigilància de la masia de Can Vinyals.

desenes de propietaris al llarg de la història, la masia pren el nom de la família Vinyals, els titulars de l'edifici al segle XVII. El seu nom figura encara a la llinda de la porta. La masia també compta amb un antic pou que contribueix a donar-hi singularitat.

L'amistat dels Vinyals amb Rafael de Casanova va propiciar que el conseller en cap durant el setge borbònic de 1714 es refugiés en diverses ocasions a la masia, fet que va provocar que les tropes de Felip V la incendiessin com a represàlia. Tot i que l'edifici va ser reconstruït, la torre va haver de ser derruïda pels problemes estructurals que va causar l'incendi. En va quedar només la base.

El 1972, la Torre Rodona i part de l'antiga finca agrícola van ser adquirides pel grup hoteler Husa per a la construcció de l'hotel batejat llavors com a Princesa Sofía, que més tard va ser conegut com a Reina Sofía i avui, simplement, Sofia. Anys després, el 1990, Husa va rehabilitar la masia i la va convertir en la seu corporativa del grup hoteler.

Actualment, la masia i l'hotel són propietat del fons d'inversió canadenc Brookfield Asset Management, que va adquirir la cadena hotelera Selenta, propietària, els darrers anys, de l'establiment.

Masia de Can Vinyals.

22
La casa d'Hèrcules

La façana del Reial Cercle Artístic del carrer de Cucurulla ret homenatge a Hèrcules, fundador mític de Barcelona, amb cinc medallons sobre el seu llegendari viatge pel Mediterrani

Hèrcules —o Hèracles, segons la tradició romana o grega— és el fundador mític de Barcelona. Diu la llegenda que durant el viatge per la Mediterrània d'aquest heroi clàssic i semideu es va perdre una de les barques de l'expedició, la novena o *barcanona*, i que la van retrobar amb la tripulació fora de perill a la costa del que avui és Barcelona. En el transcurs d'aquell viatge, Hèrcules va fer els mítics 12 treballs que li van ser imposats com a penitència per la mort de la seva dona i el seu fill. Cinc d'aquests treballs formen part de la façana d'un edifici d'origen medieval.

Hèrcules amb les dues columnes que senyalaven els límits del Mediterrani.

Es tracta de l'immoble conegut com a Casa Bassols, situat al número 4 del carrer de Cucurulla, al costat del Portal de l'Àngel, que forma part del conjunt del Reial Cercle Artístic. Una de les característiques de la façana, que s'alça sobre l'antic abeurador per a cavalls que es conserva als peus, és la forma en ela. A les llindes dels cinc balcons de la planta noble hi ha uns medallons amb els cinc treballs d'Hèrcules.

D'esquerra a dreta, el primer treball —en realitat, el desè— mostra Hèrcules amb les dues columnes amb què va senyalar els límits del Mediterrani, a banda i banda de l'estret de Gibraltar. El següent —l'onzè— el mostra sostenint una enorme bola que representa la volta celeste, abans de robar les pomes d'or del jardí de les Hespèrides. Al tercer —el segon—, lluita contra un monstre amb caps de serp, al qual dona mort per obtenir el verí per a les seves fletxes. El quart —primer, segons la llegenda— és el de la lluita amb el lleó que atemoria la població de Nemea. L'últim —el novè— mostra Hèrcules retenint la reina de les amazones, a qui ha de robar el cinturó.

La Casa Bassols ret així homenatge, amb aquests cinc bells medallons que solen passar desapercebuts, al fundador llegendari de Barcelona. L'edifici té l'origen al segle XVI, tot i que ha estat sotmès a diverses reformes al llarg dels segles. A finals del segle XVIII ja s'havia unit amb la Casa Pignatelli, amb façana al carrer dels Arcs. A mitjan segle XIX, Josep Fontserè la va ampliar amb dos pisos més. La finca, amb els dos edificis, finalment va ser adquirida pel Reial Cercle Artístic el 1895, que hi manté la seu des de llavors, amb l'emblemàtica terrassa amb vistes al Portal de l'Àngel.

Hèrcules lluitant contra un monstre amb cap de serp.

HORA OFICIAL

23
L'hora de Barcelona

Un rellotge electrònic que el 1972 en va substituir dos de mecànics anteriors determina l'horari oficial de la ciutat, confiat el 1891 a l'Acadèmia de Ciències, a la Rambla

Un rellotge situat a la façana del número 115 de la Rambla, sobre el teatre Poliorama, marca des de fa més d'un segle l'hora oficial de Barcelona, segons que indica un rètol just a sota. És la façana de la Reial Acadèmia de Ciències i Arts de Barcelona, on, al primer pis, un altre rellotge, al qual es pot accedir lliurement, fa el mateix. Aquests dos rellotges van ser durant anys de consulta obligada per a tothom que volgués portar el seu a l'hora. Però, en realitat, cap dels dos és el que marca l'hora oficial. Són simples esferes secundàries connectades al que treballa de debò, un d'electrònic de quars que, des de 1972, és en un lloc segur a l'interior de l'acadèmia.

Rellotge que marca l'hora oficial de Barcelona a la façana de l'Acadèmia de Ciències, a la Rambla.

L'Acadèmia de Ciències és un racó ple de meravelles al qual s'accedeix des del vestíbul del Poliorama, que té llogada a l'entitat part dels baixos. El seu origen es remunta al 1764 i va fundar el servei horari el 1886, en un intent de posar ordre a la gran anarquia horària que hi havia llavors a Barcelona. Cinc anys després, l'Ajuntament va declarar hora oficial de la ciutat la que facilitava l'acadèmia.

El rellotge central que alimenta els dos públics no s'assembla gaire a un rellotge convencional. Es tracta d'un rellotge electrònic que està protegit per una vitrina i és un oscil·lador; un cristall de quars n'estabilitza la freqüència. Aquest modern rellotge, que proporciona una precisió de desena de segon, va substituir l'any 1972 el mecànic que fins aleshores centralitzava l'hora oficial, que, al seu torn, havia substituït l'inicial. Els dos predecessors es poden admirar a la sala dels rellotges de l'acadèmia, juntament amb altres exemplars històrics valuosos.

A més de facilitar l'hora oficial, el servei horari de l'acadèmia es va encarregar durant mig segle del manteniment de la xarxa de rellotges públics de la ciutat, com el de l'Ajuntament i el de la catedral. Originàriament, i fins al 1926, l'acadèmia determinava l'hora amb observacions astronòmiques fetes des de les cúpules que coronen l'edifici. A partir de llavors, l'hora s'obtenia mitjançant senyals rebuts per ràdio.

Rellotge de quars que subministra l'hora oficial de Barcelona, a l'Acadèmia de Ciències.

Tento
Oba
Oba
Oba

24
La palmera indultada

L'arbre, que s'erigeix enmig d'un aparcament de motos al carrer de Gandesa, recorda la masia de Can Segalar, enderrocada el 1951 perquè el carrer de Galileu arribés a la Diagonal

A les Corts hi ha una palmera molt especial. És una supervivent del seu passat rural. S'erigeix al carrer de Gandesa, enmig d'una zona d'aparcament de motos al costat de la vorera. Es tracta de la coneguda com a palmera de Can Segalar, una masia senyorial que destacava per la seva bellesa i que va ser enderrocada l'any 1951. Només la palmera va sobreviure a la piqueta.

La masia de Can Segalar, també anomenada Torre Víctor, es remuntava al segle XVII, i destacava pel porxo d'arcs elevat que presidia una de les façanes. Es va decidir enderrocar-la per deixar

Palmera de la desapareguda masia senyorial de Can Segalar, que sobreviu al carrer de Gandesa, a les Corts.

via lliure a la prolongació del carrer de Galileu fins a la Diagonal. Aquesta prolongació rep el nom de carrer de Gandesa. I és allà, a la confluència del carrer de Can Segalar, que recorda l'existència de la desapareguda masia, on resta la palmera, que té la base protegida per un cercle de pedra.

Avui, la palmera és el símbol d'un passat pagès de l'antic poble de les Corts que va anar sucumbint durant la postguerra sota la bota de l'urbanisme *desarrollista*. Amb aquest van anar desapareixent les nombroses masies que, com Can Segalar, poblaven els camps de les Corts.

Tot i això, encara és possible contemplar-ne algunes que van sobreviure. Per exemple, Can Planas, adquirida el 1950 pel FC Barcelona com a part dels terrenys on es va construir el Camp Nou i que va esdevenir residència formativa del futbol base. També es manté dreta la Torre Rodona, vinculada a l'hotel Sofia, així com Can Rosés, a la plaça del mateix nom, convertida en biblioteca. I Can Canet de la Riera, avui seu del Club de Tennis Barcelona.

La palmera de Can Segalar no és l'únic arbre amb història resilient al barri. En un illot al mig de la travessera de les Corts, entre Vallespir i Numància, encara hi viu un pi emblemàtic que durant dècades va ser punt de reunió dels culers que acudien al desaparegut estadi del Barça. L'acompanyen al mateix illot alguns dels arbres de la també desapareguda masia de Can Gasparó, que va albergar l'escola Duran i Bas fins que, a principis de la dècada de 1970, va ser enderrocada i substituïda per l'actual edifici, més adequat per als usos educatius.

25
El gran enigma de la Barceloneta

Ningú coneix el significat d'una mà esculpida a la cantonada dels carrers de Sant Carles i Sòria. Les hipòtesis van des d'un antic senyal de trànsit fins a un negoci de guants

És, sens dubte, la mà més misteriosa de Barcelona. Es troba a la Barceloneta, esculpida a la cantonada dels carrers de Sant Carles i Sòria. Es desconeix qui la hi va posar i què vol dir, però forma part del barri i avui potser n'és el gran secret. Un enigma per resoldre la solució del qual es van endur a la tomba ja fa anys els qui el coneixien.

Es tracta d'una mà esquerra oberta amb el palmell recolzat a la paret i els dits apuntant cap avall. A banda i banda, hi ha dues flet-

La misteriosa mà de la Barceloneta, a la cantonada dels carrers de Sant Carles i Sòria.

xes en forma de triangle, una apuntant al carrer de Sant Carles i l'altra, a Sòria. A partir d'aquí, tot són conjectures. Per a alguns, es tracta d'un antic senyal de trànsit. Per a d'altres, és el signe distintiu d'un antic negoci de guants. També hi ha qui aventura teories esotèriques i de societats secretes.

L'edifici on es troba la mà enigmàtica va ser construït cap al 1875, i se suposa que la mà data d'aquell moment, encara que no es pot descartar que fos una pedra reaprofitada d'una altra construcció, cosa molt habitual a la Barcelona de l'època. L'immoble consta d'una planta i tres pisos edificats sobre una parcel·la doble. Es considera que és una variació del model de les construccions originàries de la Barceloneta. L'edifici va ser rehabilitat l'any 2001 i la curiosa mà de pedra, sotmesa a una neteja conscienciosa.

La Barceloneta és un barri erigit sobre una península formada per sediments. Es va començar a construir el 1753 per reallotjar-hi, en principi, els veïns de la Ribera afectats per la construcció de la Ciutadella després de la caiguda de Barcelona el 1714. Projectat pels enginyers militars de Felip V, les cases originàries havien de tenir només una planta i pis, i una alçària proporcional als carrers, estrets i rectilinis.

Però aviat es va alterar el model i el 1853 s'hi va autoritzar un segon pis. El tercer va arribar el 1868, període en què es va construir l'edifici de la mà. Pocs anys després, es va legalitzar un quart pis. Fins i tot van arribar alguns cinquens pisos, mentre els habitatges s'anaven subdividint fins a convertir-se en els coneguts quarts de casa de la Barceloneta. El barri mariner ha anat canviant amb el pas dels anys, però de moment manté inalterat l'enigma de la mà.

26
La primera foto

Només una modesta placa recorda el pioner i desaparegut daguerreotip de la Llotja i els Porxos d'en Xifré fet el 1839, que va marcar l'inici de la història de la fotografia a Espanya

Va ser el 10 de novembre de 1839, a les 11.30 hores, al pla de Palau. Un centenar de persones s'hi van congregar per ser testimonis d'un fet extraordinari. S'havia de fer la primera fotografia de la història a Espanya mitjançant l'invent del daguerreotip. El punt escollit va ser el terrat d'un edifici del carrer del General Castaños, per captar l'edifici de la Llotja i part dels Porxos d'en Xifré. Va ser un moment històric.

El daguerreotip era un invent que s'havia donat a conèixer només tres mesos abans a París, a l'Acadèmia de Ciències de França. Havia estat desenvolupat per Louis Daguerre, de qui va prendre el

El lloc que apareixia a la primera foto que es va fer a Barcelona, més de 180 anys després.

nom. Consistia a fixar la imatge en una planxa de coure on petits nòduls de iodur de plata es fixaven en funció de la llum. En aquella època, eren a la capital francesa Enric Monlau, corresponsal de l'Acadèmia de Ciències i Arts de Barcelona, i el gravador Ramon Alabern. Aquest darrer, sorprès per l'invent, va comprar una càmera de Daguerre i, juntament amb Monlau, la van portar a Barcelona.

Monlau va convèncer els seus col·legues de l'Acadèmia de Ciències perquè compressin la càmera, que encara es conserva a la seu d'aquesta institució, a la Rambla, i es va constituir una comissió per organitzar la presa de la que seria la primera fotografia feta a l'Estat. L'històric esdeveniment va ser anunciat als diaris i a través de fulls de mà per tota la ciutat. Fins i tot es van vendre butlletes per a un sorteig en què el guanyador s'enduria com a premi aquell primer daguerreotip.

Prendre aquella imatge va requerir una exposició llarga, de 22 minuts. Per això es va demanar que durant aquest període de temps ningú tragués el cap als balcons de la casa Xifré ni caminés per la plaça. El gravador Alabern va ser l'encarregat de manipular la càmera. Al segon intent —el pas d'un carruatge va frustrar el primer— es va aconseguir. El daguerreotip se'l va endur el posseïdor de la butlleta 56, i mai més se'n va tornar a tenir notícia. En resta només un gravat, realitzat l'any 1842 per Antoni Roca a partir de la foto.

Avui, tan sols una modesta placa, col·locada el desembre de 1975 per l'Agrupació Fotogràfica de Catalunya, recorda el lloc des d'on es va prendre aquell pioner, històric i desaparegut daguerreotip.

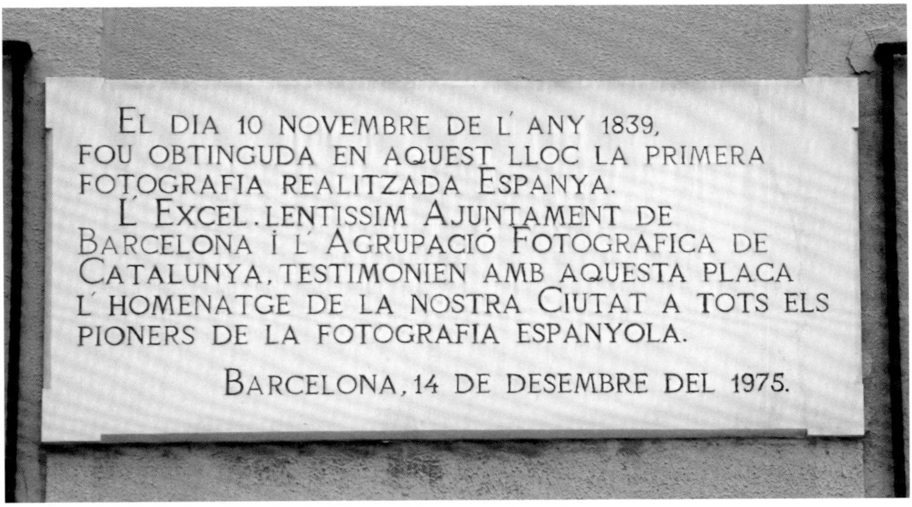

Placa que recorda l'indret des d'on es va fer, el 1839, la primera foto a Espanya.

Francesc Baliarda i Ribó
(Sant Andreu de Palomar, 1814 - 1850)
Home d'acció.
Teixidor.
Coronel de la Milícia Republicana
Pioner del Moviment Obrer
Comissió de Festes de Sant Andreu de Palomar
Veïns i Veïnes del Carrer Baliarda

27
El gran heroi de Sant Andreu

El carrer de Baliarda ret homenatge al seu veí, revolucionari i guerriller que el 1845 va liderar la revolta de les Quintes i que el 1850 va morir cosit a trets pels Mossos d'Esquadra

El carrer de Baliarda és un racó bucòlic del barri de Sant Andreu que viatja directament al seu passat agrícola. A la casa número 5, una placa de rajola recorda que el carrer pren el nom de Francesc Baliarda, revolucionari i guerriller, considerat el gran heroi andreuenc després d'encapçalar la revolta de les Quintes el 1845 i ser abatut pels Mossos d'Esquadra cinc anys després a la casa que la seva família tenia al llavors anomenat carrer del Carme.

Mosaic que recorda Francesc Baliarda, al carrer del mateix nom de Sant Andreu.

Avui, la casa dels Baliarda ja no existeix, i ni tan sols era al número 5, però la placa encara li ret homenatge. Conegut a Sant Andreu com el Noi Baliarda i teixidor de professió, la seva llegenda va començar el 1833, quan, amb tot just 20 anys, va lluitar al costat dels liberals a la primera guerra carlina o dels Set Anys. Va ser llavors quan va fer amistat amb el futur general Prim, tot i que més tard es van enemistar.

La gesta més gran per la qual se'l recorda va tenir lloc el 6 de juliol de 1845, en liderar l'anomenada revolta de les Quintes, quan els joves de Sant Andreu es van revoltar contra el decret governamental d'allistament forçós de la quota de 18 joves que corresponia a la població. Baliarda i els revoltats van resistir durant hores l'assalt de l'exèrcit a l'entrada del poble, a la riera d'Horta, i a dalt del campanar de l'església de la plaça d'Orfila, on van fer sonar les campanes a sometent. Quan la resistència ja era inútil, molts dels revoltats, entre els quals Baliarda, van aconseguir fugir, però més de 40 van ser detinguts, i dos, afusellats sumàriament.

Amb posterioritat, Baliarda va participar també a la segona guerra carlina o dels Matiners, que es va produir entre la darreria de 1846 i 1849, amb el grau de coronel de la milícia republicana, que, aliada amb els carlins, es va enfrontar als partidaris d'Isabel II.

Baliarda es va convertir en el cap d'una partida guerrillera que actuava als voltants de Barcelona.

A finals d'agost de 1850, Baliarda i alguns membres de la seva partida van ser detectats a Sant Andreu, a la casa familiar, al carrer que avui porta el seu nom. Forces dels Mossos d'Esquadra van envoltar la casa. Baliarda va ser abatut a primera hora del dia, quan ell i els seus van decidir sortir de la casa a trets. Des de llavors, és el gran heroi local. El 1907 es va posar el seu nom al carrer.

28
On és el sortidor de la plaça del Sortidor?

L'espai del Poble-sec rep el nom de la font monumental dedicada a Ceres que durant unes dècades va presidir el lloc, procedent de Gràcia i que avui és a Montjuïc

La plaça del Sortidor és un dels espais centrals i emblemàtics del Poble-sec. Però, un cop al lloc, ens assalta una pregunta: on és el sortidor? Els més vells i els amants de la història en coneixen la resposta. La plaça deu el nom a una font dedicada a la deessa romana Ceres que, entre el 1874 i el 1918, va presidir aquest punt del barri i que actualment es pot contemplar a Montjuïc, al centre de la rotonda de la plaça de Sant Jordi.

La història d'aquesta font, esculpida per Celdoni Guixà, que ret homenatge a la protectora romana de l'agricultura, es resumeix en tres ubicacions diferents des de 1830. Aquell any es va instal·lar al

La font del sortidor al seu emplaçament actual, a Montjuïc.

passeig de Gràcia, a l'altura del carrer de Provença, al terme municipal de Gràcia.

El 1874 la font va ser traslladada a la plaça de Blasco de Garay, avui del Sortidor. Tot i que aquest nom no va ser reconegut oficialment en el nomenclàtor de la ciutat fins al 1992, l'espai ja era conegut així pels veïns a causa dels diversos sortidors de la font. El monument va arribar al Poble-sec com a conseqüència de l'anomenada revolta de les Quintes de 1870, en protesta pel reclutament obligatori de joves. La font entorpia les maniobres militars per sufocar la rebel·lió a Gràcia, que va acabar després d'un setge de sis dies de la població i 27 morts.

Així va ser com la font va acabar a la plaça del Poble-sec. El problema va ser llavors que tenia unes dimensions desproporcionades per a la mida de la plaça. I, per aquest motiu, finalment el 1918 es va moure a la ubicació actual, aprofitant la urbanització de la muntanya de Montjuïc. Avui, a la plaça del Sortidor hi ha una altra font del tipus Canaletes, però molt lluny de la majestuositat de la de Ceres.

L'obra de Guixà consisteix en un estany circular sobre el qual s'eleva una columna amb quatre dofins, de la boca dels quals brolla aigua. Una petxina remata la columna i al damunt s'erigeix la figura de la deessa.

Plaça del Sortidor, al Poble-sec.

29
El Bellesguard ocult

La torre projectada com un castell medieval per Gaudí conserva una cova a set metres de profunditat que devia ser utilitzada com a fresquera per conservar aliments

Bellesguard és un edifici en forma de castell medieval projectat per Antoni Gaudí sobre les restes d'un castell més antic construït en temps del rei Martí l'Humà. Actualment es pot visitar pràcticament tot i admirar de passada el mestratge desplegat per l'arquitecte de Reus i els seus col·laboradors. Tot i això, hi ha un element no accessible al públic. Es troba al subsol, i és una cova amb un disseny peculiar.

La construcció de Bellesguard va tenir lloc entre els anys 1900 i 1909, encara que hi va haver treballs posteriors fins al 1916. Gaudí va dirigir personalment les obres fins al 1903. Aleshores, se'n van fer càrrec Domènec Sugrañes i Joan Rubió i Bellver, que hi col·la-

Escala que baixa a la cova de Bellesguard.

boraven. L'edifici pertany a l'etapa neogòtica de l'autor de la Sagrada Família.

Tot indica que la cova era una fresquera per conservar aliments. S'hi arriba a partir de les antigues cavallerisses. Una escala baixa fins a set metres sota el nivell de terra, i un estret passadís condueix cap a una estança circular de poc menys de dos metres de diàmetre amb un banc com a perímetre. Se sap que la cova va ser excavada després de 1916, quan l'edifici ja estava finalitzat. Per això s'havia considerat que fos un refugi antiaeri, però l'absència d'una entrada d'aire des de l'exterior posa en dubte aquesta possibilitat. Altres informacions apunten que la fresquera podria haver format part d'un conjunt de túnels que configurarien una mina de recollida d'aigua, un recurs abundant en aquesta zona de l'antic terme municipal de Sant Gervasi.

Bellesguard va ser un encàrrec fet a Gaudí per Maria Sagués, vídua de l'empresari de l'alimentació Jaume Figueras, propietari d'un conegut comerç modernista de la Rambla, a la cantonada amb el carrer de la Petxina. Actualment és la pastisseria Escribà, tot i que la botiga encara conserva el rètol d'Antiga Casa Figueras.

Interior de la cova de Bellesguard.

30
Un assaig per al Park Güell

Gaudí va haver de construir un viaducte gairebé idèntic al del parc davant de la mansió de Bellesguard, obligat per la presència, a principis del segle XX, d'un torrent

És una de les obres més desconegudes d'Antoni Gaudí, tot i que es troba a pocs metres de la mansió Bellesguard, una de les creacions emblemàtiques de l'arquitecte de Reus. És un viaducte que sembla extret directament del Park Güell. Va ser recuperat el 2006, després d'eliminar algunes construccions que el mantenien pràcticament ocult.

El viaducte va ser construït entre el 1903 i el 1905 en el marc dels treballs de construcció de Bellesguard. La presència del torrent de Betlem va obligar a aixecar-lo. Actualment forma part d'una zona enjardinada situada a un nivell inferior, davant de l'ac-

Part inferior del viaducte que Gaudí va construir davant de Bellesguard.

cés a la finca on Gaudí dissenyà un edifici d'aspecte gòtic per recordar que allà mateix hi havia hagut un antic castell erigit a principis del segle XV pel rei Martí l'Humà.

L'estil de 12 arcs catenaris amb pota d'elefant que Gaudí va conferir al viaducte recorda el d'un altre de pràcticament idèntic que l'arquitecte va dissenyar posteriorment per al Park Güell, de manera que el primer és gairebé un assaig per al segon. Amb el pas dels anys, el viaducte va quedar ocult per elements posteriors i parets de maó que l'apuntalaven. L'any 2002 l'Ajuntament va iniciar-ne la recuperació, en el marc de l'Any Internacional Gaudí. Avui és una visita complementària per al públic que va al recinte de Bellesguard.

El fet que Gaudí abandonés l'any 1903 les obres de Bellesguard per fer-se càrrec de la restauració de la catedral de Mallorca va fer que també deixés les del viaducte. Aquest el va acabar Josep Maria Jujol, un altre dels seus col·laboradors, que va ser també l'artífex del banc ondulat del Park Güell.

Amb el viaducte es va reforçar també el camí que duia des de l'aleshores municipi de Sant Gervasi de Cassoles fins al cementiri, que passava pel mig de la finca de Bellesguard.

Viaducte de Bellesguard.

ARCHIVO
HISTORICO

31
La tortuga de la Casa de l'Ardiaca

La bústia de l'arxiu històric és una al·legoria de la justícia, de quan l'edifici va acollir el Col·legi d'Advocats, on la tortuga representa la lentitud de l'administració de la llei

La Casa de l'Ardiaca és des de fa un segle la seu de l'Arxiu Històric de Barcelona. Es tracta d'un edifici ple d'història, i el pati central és un dels racons més bells de la ciutat antiga. Un dels elements característics que té és una enigmàtica bústia de marbre blanc situada a la dreta de la porta principal, al carrer de Santa Llúcia. La bústia, amb orenetes i una tortuga, és una mena de jeroglífic que, un cop desxifrat, revela una al·legoria de la justícia.

Bústia de la tortuga, a la Casa de l'Ardiaca.

La història de l'edifici es remunta al segle XII, quan l'orde dels templers va aprofitar un mur de la muralla romana per construir el que seria la seva primera caserna general a Barcelona. Al segle XV va passar a mans de Lluís Desplà, ardiaca major de la catedral, que hi va fer algunes reformes i va disposar que fos residència dels seus successors al càrrec. D'aquí ve el nom de Casa de l'Ardiaca.

El 1835 l'edifici va ser expropiat i secularitzat en el marc del procés de desamortització. Durant un temps, es va destinar a palau de justícia, i també se sap que alguns artistes van instal·lar-hi els tallers. Però va ser el 1895 quan adquirí l'activitat responsable de la bústia. La Casa de l'Ardiaca va ser aleshores comprada pel Col·legi d'Advocats, i l'arquitecte Lluís Domènech i Montaner s'ocupà de la reforma i adequació de l'edifici. Una de les seves aportacions va ser el disseny de la bústia de les orenetes i la tortuga, que va encarregar a l'escultor Alfons Juyol.

La bústia és un rectangle amb l'obertura per a la correspondència situada longitudinalment al centre. A sobre, cinc orenetes, i al vèrtex inferior dret, una tortuga. Set fulles d'heura completen la decoració. A l'extrem superior esquerre, hi figura l'escut del Col·legi d'Advocats, amb l'espasa i la balança.

En conjunt, la bústia representa una al·legoria de la justícia. Així, les orenetes simbolitzen el vol elevat de la justícia; les fulles d'heura, els obstacles i el camí tortuós de la burocràcia, i la tortuga, la lentitud, tot i que també hi ha la creença popular que tocar-li la closca dona bona sort.

L'any 1919 l'edifici va ser expropiat per l'Ajuntament per installar-hi l'Arxiu Històric de la Ciutat, la seva activitat actual.

32
El rostre dels quaderns Miquel Rius

L'Acadèmia de Bones Lletres conserva una màscara mortuòria del bibliòfil Ramon Miquel i Planas, artífex també de la històrica marca de llibretes Miquel Rius, fundada el 1880

Un armari de la biblioteca de l'Acadèmia de Bones Lletres custodia una caixa inquietant. A l'interior té una màscara mortuòria que guarda per a la posteritat el rostre d'un dels seus acadèmics més il·lustres i erudits, Ramon Miquel i Planas. Va ser un bibliòfil notable i l'autor d'una obra que encara és referència, però també, durant les cinc primeres dècades del segle xx, responsable de l'empresa familiar Miquel Rius, dedicada a la impressió. El seu producte estrella, i el més popular, són els famosos quaderns que encara avui poblen les papereries.

Màscara mortuòria de Miquel Rius que es conserva a l'Acadèmia de Bones Lletres.

Qui no ha tingut mai un quadern Miquel Rius? La història d'aquestes llibretes es remunta al 1869, quan el fundador de l'empresa, Josep Miquel Rius, arriba a Barcelona amb només 19 anys, procedent de Sant Pere de Riudebitlles, per treballar en un petit taller d'impressió que ja comercialitzava des de 1839 llibres ratllats usats principalment per a la comptabilitat. Només 11 anys després, Josep Miquel adquireix el taller i continua l'activitat sota la marca Miquel Rius. Inicia llavors la fabricació de les famoses llibretes i altres productes d'escriptori.

L'empresa pateix un revés amb la mort del fundador el 1897. La vídua i els seus dos fills, Ramon i Josep, decideixen seguir endavant. Mantenen la marca Miquel Rius, i Ramon es fa càrrec de l'administració, mentre que Josep es dedica a dirigir el taller. Sota la direcció de Ramon Miquel, l'empresa s'expandeix i es dona a conèixer als mercats nacional i internacional participant en concursos, i obté diversos premis del sector, com ara el diploma d'honor de l'Exposició Universal de Brussel·les de 1910.

És l'any en què l'altra activitat de Ramon, la bibliografia, li obre les portes de l'Acadèmia de Bones Lletres, institució de la qual forma part fins a la seva mort, el 1950. Impulsa una obra prolífica amb la qual pretén crear un corpus de la literatura catalana, amb la publicació de 32 volums dins de la col·lecció Biblioteca Catalana i altres col·leccions de novel·les i textos antics en català. També publica la seva gran obra personal, *Bibliografia. Recull d'estudis, observacions, comentaris i notícies sobre llibres en general i sobre qüestions de llengua i literatura catalanes en particular.*

En morir, se li va practicar el costum de l'època de fer una màscara mortuòria del rostre del difunt, que va acabar sota la custòdia de l'acadèmia. Aquesta conserva fins i tot la caixa amb què va ser enviada des de la Prefectura d'Obres Públiques de Tarragona, segons consta a l'etiqueta de la tapa. Sens dubte, és l'element més singular de la biblioteca d'aquella institució tan històrica.

33
El progrés de la humanitat en 15 metres

Un fris al número 32 del passeig de Gràcia recull la història de les grans descobertes de l'home, des de la prehistòria i l'agricultura fins a la revolució industrial

La història del progrés de la humanitat resumida en 15 metres. Això és el que poden admirar els qui caminen al costat del número 32 del passeig de Gràcia. És la Casa Blajot, que s'erigeix a la cantonada muntanya-Besòs amb el carrer de la Diputació. El relat forma part d'un bell fris que a l'origen era més ampli. El que en queda són les restes redescobertes als anys vuitanta del segle passat, en eliminar una marquesina que formava part de l'establiment comercial dels baixos.

Fragment del fris de la història del progrés de la humanitat, a la façana de la Casa Blajot, al passeig de Gràcia.

La Casa Blajot va ser construïda entre el 1871 i el 1872. És obra de l'arquitecte valencià Rafael Guastavino, autor de la fàbrica Can Batlló, que més tard donaria origen a l'Escola Industrial. Guastavino, no obstant això, es va fer famós a Nova York gràcies a les cúpules lleugeres i resistents —era la volta catalana perfeccionada— que va patentar i construir per tota la ciutat i a la resta del país. Avui se'n poden admirar a la Biblioteca de Boston, a la novaiorquesa estació Grand Central i al vestíbul de l'illa d'Ellis, entre un miler més.

Guastavino no va signar els plànols de la Casa Blajot, sinó que ho va fer el també arquitecte Antoni Serra i Pujals. El fris va ser encarregat a l'escultor Rossend Nobas. Al tram que en va sobreviure i que avui es pot admirar, la història de la humanitat comença a la prehistòria i als inicis de l'agricultura. Segueixen diferents escenes en què es representen altres grans fites, com la construcció, el descobriment del foc, la ceràmica, l'escriptura, la fusteria, la confecció de teixits, el vidre, la impremta, l'arquitectura i l'escultura, i la revolució de la màquina de vapor, el ferrocarril i la fotografia.

L'edifici pren el nom del seu promotor, el banquer Víctor Blajot Iglesias. El 1943, als baixos, va obrir les portes la prestigiosa sastreria Gales, que va marcar una època a la moda barcelonina. Precisament, va ser durant una restauració de la botiga a finals de la dècada de 1980 que va reaparèixer el fris, que havia quedat ocult durant dècades per una marquesina.

BARCELONA

34
Una casa de jocs per a prínceps

Un petit edifici neoàrab al passeig de Sant Gervasi va ser, durant l'Exposició de 1888, lloc de lleure per als fills de la reina regent, entre els quals el futur rei Alfons XIII

Passeig de Sant Gervasi, 5. De cop i volta, un petit edifici d'estil arabesc trenca el ritme arquitectònic del passeig. És una construcció de 50 metres quadrats, actualment ocupada per una empresa immobiliària. Es troba al costat dels jardins de la Torre Castanyer i el seu origen es remunta a l'Exposició Universal de 1888, quan va ser concebuda com a pavelló de jocs per als fills de la reina regent Maria Cristina, entre els quals, el futur rei Alfons XIII. Aquest és el motiu pel qual l'edifici es coneix com a Pavelló de Jocs.

Antic pavelló de jocs construït per a l'Exposició Universal de 1888.

Quan el maig de 1888 la família reial havia d'arribar a Barcelona per assistir als fasts de l'obertura de l'Exposició, es va plantejar un problema d'allotjament, atès que el palau reial havia estat afectat per un incendi. La solució va ser que s'instal·lessin a l'Ajuntament de Barcelona, malgrat les incomoditats, especialment per a les joves infantes Mercè i Maria Cristina i per al príncep Alfons. A això s'hi afegien l'atapeïda agenda de la reina i el seu protocol tan rígid, de manera que es buscà una alternativa per allunyar els infants de l'estrès del programa oficial.

Es contactà llavors amb la família Jover i Vidal, propietaris de la finca Torre Castanyer, a Sant Gervasi, per construir als seus terrenys un pavelló de jocs. Acceptaren encantats, perquè això els donava l'oportunitat d'ascendir a l'escalafó social. Així, en un temps rècord es va construir l'edifici. Es va contractar un mestre d'obres —se n'ha perdut la identitat en el passat— que va concebre un pavelló a quatre vents d'estil neoàrab, tant en l'aspecte exterior com en la decoració interior.

La família reial, però, va gaudir molt poc del pavelló de jocs, ja que el 7 de juny abandonà Barcelona per tornar a la cort de Madrid. En agraïment, la reina atorgà a la família el marquesat de Gelida.

Posteriorment, la Torre Castanyer va ser adquirida per Eusebi Güell i el pavelló arabesc es va destinar a habitatge per al servei. Avui, el pavelló està segregat dels jardins de la Torre Castanyer i l'ocupa una immobiliària.

35
La bomba de la Sagrada Família

Una escultura del Portal del Roser mostra el diable temptant un jove mentre li lliura una bomba Orsini com la que es va fer servir quatre anys abans a l'atemptat del Liceu

La Sagrada Família és un pou gairebé sense fons de meravelles artístiques i, entre aquestes, algunes de concebudes per Gaudí que resulten molt sorprenents. És el cas d'una que s'amaga al Portal del Roser, un prodigi escultòric que l'arquitecte de Reus va deixar acabat el 1897 perquè servís de model als que havien de continuar la seva obra. Aquí s'hi pot veure una bomba Orsini, la mateixa que s'havia fet servir quatre anys abans a l'atemptat anarquista del Liceu i que va provocar 22 morts i 35 ferits.

Escultura a la Sagrada Família d'un home amb una bomba Orsini, com la que va esclatar al Liceu (Foto: Sagrada Família).

La bomba forma part d'una escena escultòrica que representa el mal, i en què una figura diabòlica lliura la bomba a un jove mentre aquest prega a la Verge en la lluita contra la temptació. A l'altra banda del portal, situat a la dreta de la façana del Naixement, el diable temptador ofereix una bossa de diners a una noia per prostituir-la.

En el moment en què Gaudí va concebre aquest pòrtic del temple expiatori, les bombes Orsini eren el símbol de la violència exercida per grups anarquistes a Barcelona. Prenen el nom del seu inventor, el revolucionari italià Felice Orsini, que el 1857 va idear un artefacte esfèric amb uns mecanismes que sobresurten per tota la superfície i activen l'explosiu per contacte.

Aquest tipus de bomba es va utilitzar a la darreria del segle XIX i principi del XX en múltiples atemptats. A més del Liceu, les Orsini van protagonitzar atemptats sonats de l'època, com el del 24 de setembre de 1893 a la Gran Via de Barcelona contra el general Arsenio Martínez-Campos. Va ser comès per l'anarquista català Paulí Pallàs, i, en venjança per la seva execució, un altre anarquista va llançar el 7 de novembre dues Orsini a la platea del Liceu, de les quals només en va arribar a esclatar una.

El 31 de maig de 1906, l'objectiu de l'atemptat era el rei Alfons XIII, quan Mateo Morral va llançar una Orsini des d'un balcó contra el carruatge que transportava el monarca, el dia del seu casament, per la Calle Mayor de Madrid. La bomba va xocar contra els cables del tramvia i no va arribar al carruatge reial, però va matar 28 persones.

36
El minaret de Sant Gervasi

La Vil·la Hispanoàrab és una mansió de finals del segle XIX al peu del Tibidabo que destaca per l'arquitectura islàmica, de moda entre la burgesia de l'època

Una sorprenent mansió neoàrab s'erigeix al número 15 del carrer de Lleó XII, a Sant Gervasi, molt a prop de l'avinguda del Tibidabo. Es tracta de la denominada Vil·la Hispanoàrab. Construïda a finals del segle XIX, està coronada per un minaret i l'interior és un esclat de fantasia islàmica que en molts dels elements recorda icones arquitectòniques com l'Alhambra.

La història de la casa arrenca el 1893, quan el matrimoni format per Teresa Míguez i José Yebra aconsegueix la llicència per edi-

Interior de la Vil·la Hispanoàrab.

ficar en un terreny que havien adquirit al peu del Tibidabo. Pensada com a residència estival, opten per acollir-se a una moda neoàrab estesa a l'època entre la burgesia. El matrimoni va morir poc després, i el 1908 la finca va ser adquirida pel conegut antiquari Celestino Dupont, que va sotmetre la mansió a algunes reformes i ampliacions, però sempre respectant l'estètica àrab.

L'antiquari i la seva família van residir a la Vil·la Hispanoàrab fins a principis dels anys vint, i el 1934 la van vendre al pintor andalús Ramón López Morelló, el qual, la dècada de 1940, la va traspassar a l'enginyer alemany Hans Breuer Theissen, que havia fugit amb la família de la guerra. En morir el propietari sense descendència, la casa va passar a mans de la responsable del servei. Els propietaris actuals són la ciutadana sueca resident a Barcelona Klea Levin i el seu marit. La casa no és visitable.

La mansió es caracteritza per l'estil sobri de l'exterior, d'acord amb la tradició arquitectònica islàmica. Però l'interior és espectacular. Tot just entrar, el visitant queda imbuït per la bellesa d'un pati alhambrista presidit al centre per una font octagonal que recorda la del palau de Granada. També hi destaca el menjador, amb els arcs i els vitralls, que aporten una il·luminació singular al conjunt.

El mirador en forma de minaret, visible des del carrer de Mas Yebra i coronat per una cúpula, remata l'arquitectura neoàrab del conjunt. La història de la Vil·la Hispanoàrab es coneix avui força bé gràcies a la historiadora de l'art Clara Beltrán, autora d'un estudi detallat que publicà l'any 2015.

GÓS.

37
El «rellotge» que no toca les hores

Una esfera numerada del zero al sis a la Torre de les Aigües del Besòs és en realitat un marcador que indicava la capacitat del dipòsit, que arribava als 600.000 litres

L'antiga Torre de les Aigües del Besòs, al Poblenou, llueix a la façana un «rellotge» que no marca les hores, com diu el bolero. Es tracta d'una esfera numerada del zero al sis que en realitat marcava la capacitat del dipòsit, construït el 1880 amb el propòsit de proveir d'aigua Barcelona, empresa que finalment no va prosperar. No obstant això, la torre s'ha mantingut dempeus durant més de 130 anys com a símbol del paisatge de la zona.

Entre el 2010 i el 2014 l'edifici, obra de Pere Falqués, va ser sotmès a una restauració minuciosa, que en va mantenir l'originalitat

La Torre de les Aigües del Besòs.

i es van reproduir elements que ja no es podien restaurar, com els barrots de la barana de l'escala que envolta la torre per l'exterior a la part superior. Un altre dels elements reproduïts és el «rellotge» (que no ho és) de la façana. És una còpia. L'original es troba en un lloc segur i visible a l'interior de la torre, convertida ara en un espai museístic a càrrec de l'Arxiu Històric del Poblenou.

L'esfera, en comptes de les hores, marcava la capacitat del dipòsit d'aigua. Cada número representa 100.000 litres. Així, la capacitat total era de 600.000 litres, «unes 400.000 ampolles d'aigua de litre i mig de les que comprem al supermercat», assenyala Jordi Fosas, president de l'Arxiu Històric.

La torre va ser una iniciativa empresarial per abastir d'aigua la ciutat, en uns anys en què Barcelona tenia dèficits acusats en aquesta qüestió. Es va escollir l'aigua del Besòs per la seva presumpta qualitat, però la proximitat de la costa va fer que, al cap de poc, l'aigua registrés alts índexs de salinitat, per la qual cosa se'n va suspendre el subministrament a la població. L'empresa promotora va tancar i la instal·lació va acabar el 1895 a mans d'Aigües de Barcelona, que la va reconvertir per a l'ús industrial. El 1922, la metal·lúrgica Macosa va comprar el complex aqüífer i en va ser la propietària fins que la fàbrica va ser desmantellada durant el procés de transformació urbanística de la zona impulsat pel projecte olímpic.

L'antiga estació d'aigua es troba a la plaça de Ramon Alsina, a la confluència del carrer de la Selva de Mar amb el passeig del Taulat. L'espai es pot visitar, i fins i tot es pot accedir a dalt de tot de la torre després de pujar-ne els 303 esglaons.

Antic marcador del nivell de l'aigua, que es conserva a l'interior de la torre.

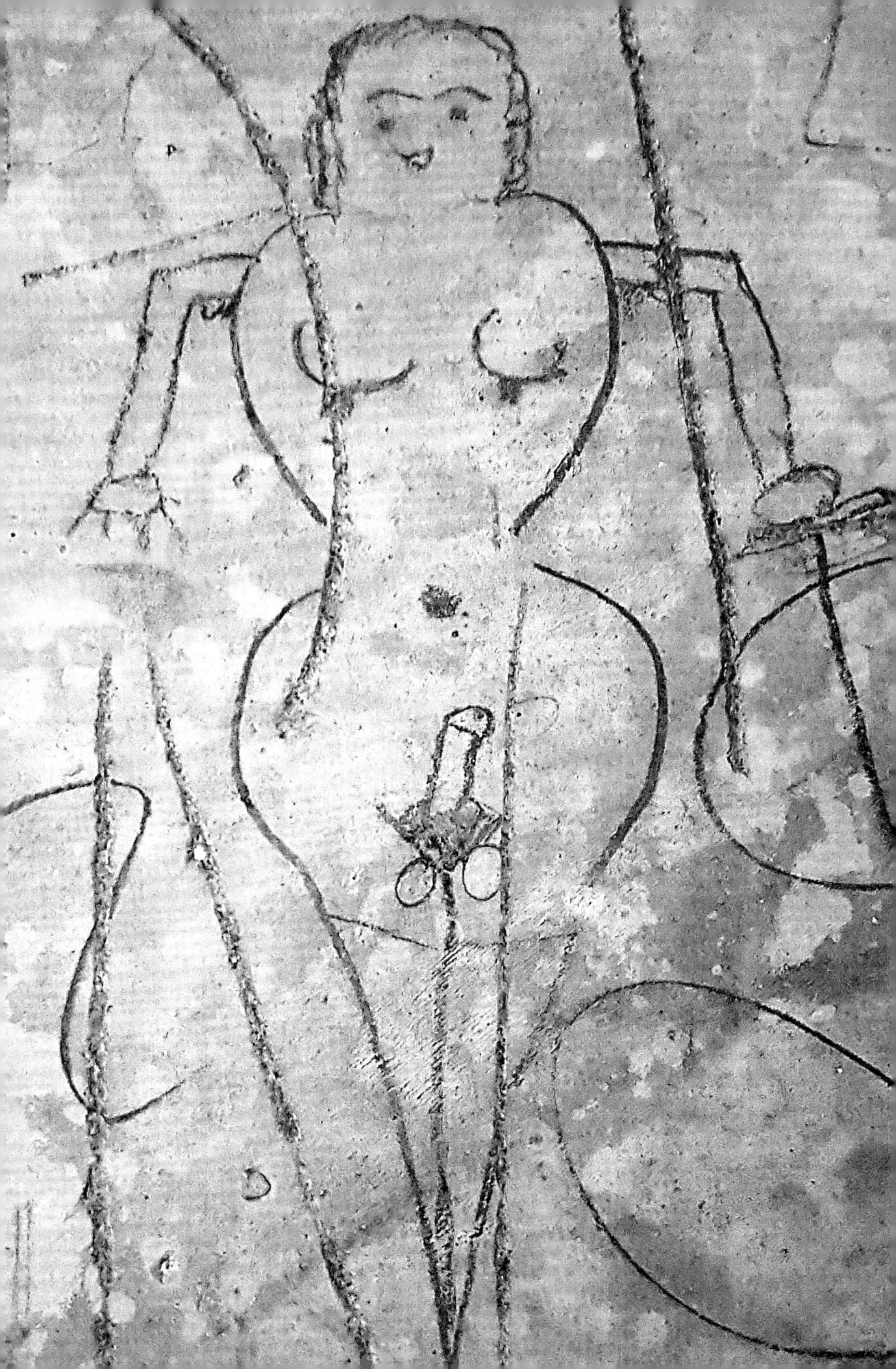

38
El calabós de Gaudí

El Palau Güell conserva una antiga estança per a presos polítics i comuns amb gairebé 200 grafits realitzats per detinguts de quan l'edifici va albergar una comissaria

Us imagineu estar pres en un calabós dissenyat per Antoni Gaudí? Encara que, per molt gaudinià que sigui, no es tracti d'una experiència agradable, això és el que van viure alguns reclusos polítics i comuns durant la Guerra Civil i els primers anys de la dècada dels quaranta, quan una estança del Palau Güell va servir de txeca i, més tard, de calabós de la comissaria de policia en què durant un temps es va convertir la mansió de Nou de la Rambla. Prop de 200 grafits amb dibuixos i textos realitzats pels presos són testimonis d'aquest episodi.

L'antic calabós es troba a la rampa que condueix a les antigues cavallerisses. És l'habitatge de l'empleat que se'n cuidava. El Palau

Grafit a la paret d'una estança del Palau Güell que es va utilitzar com a calabós mentre va ser una comissaria.

Güell ha recuperat aquestes inscripcions, la majoria fetes amb llapis, les ha catalogat i té previst incorporar l'espai a l'oferta museística de l'edifici.

La que va ser residència dels Güell, concebuda per l'autor de la Sagrada Família, va ser confiscada a l'inici de la guerra pel partit comunista, i, a partir de 1938, convertida en comissaria de policia per al districte, anomenat Atarazanas. Se suposa que corresponen a la primera època alguns grafits amb proclames de suport al bàndol franquista, com el que diu: «Viba Franco / Arriva españa». També hi apareixen diversos símbols de la Falange.

El grup més nombrós d'inscripcions pertany a delinqüents comuns. Entre d'altres, podem llegir: «Aquí estuve por maricón / y el que no lo crea es cabrón / viva los padres hijos de puta / que no saben criar los hijos». També un altre que diu: «La opinión de un Maricón / yo creo que al ser marica no / es ningún defecto / es vivir a lo moderno». També es pot trobar la següent: «Aquí estuvo el famoso / bailarín el Rata / que quiere mucho / a la Juanita».

A més dels textos dels presos, també hi ha un catàleg de dibuixos, entre els quals, caricatures de bustos masculins i fins i tot personatges de dibuixos animats, com Popeye i Betty Boop. Es repeteix una figura humana nua amb pits de dona i genitals masculins.

També es repeteix el dibuix d'una caixa d'enllustrador de sabates signat per El Gordo. En un, va deixar l'escrit següent: «Año de la victoria / el día 8 de noviembre / ingresé en este calabozo / y estoy padeciendo hambre / por culpa de un asqueroso / y denun [il·legible] / yo soy el Gordo / limpiabotas». Un altre text d'un altre detingut diu: «Aquí estuvo el Antonio / y el Machote por comprar / un vestido que no sabían si / hera robado/ Machote Antonio».

Gràcies a la conservació d'aquests grafits, s'ha pogut documentar un episodi escassament conegut del Palau Güell.

Sant Patró
la llibertat
de Catalunya torneunos

39
El Puig i Cadafalch més independentista

L'arquitecte, que va presidir la Mancomunitat, va incloure a la Casa de les Punxes un plafó dedicat a sant Jordi on demana que torni la llibertat a Catalunya

La frase «Sant patró de Catalunya, torneu-nos la llibertat», de missatge clarament independentista, ha sobreviscut, des de principis del segle xx, en un plafó dedicat a sant Jordi que decora la façana de la Casa de les Punxes corresponent al carrer de Rosselló. S'atribueix a l'arquitecte Josep Puig i Cadafalch, que, per si hi havia algun dubte, signa el plafó amb el rostre esculpit en una de les cantonades del marc.

Puig i Cadafalch va ser un brillant arquitecte del modernisme, però també es va dedicar a altres disciplines, com ara la política. Nacionalista convençut, va col·laborar amb Enric Prat de la Riba en

Plafó independentista de Puig i Cadafalch a la Casa de les Punxes.

la construcció de la Mancomunitat de Catalunya. En morir aquest, el va substituir a la presidència de la institució entre el 1917 i el 1924, període en què va impulsar un projecte d'autodeterminació.

La Casa de les Punxes va ser un encàrrec de l'empresari Bartomeu Terradas a l'arquitecte perquè construís una casa per a cadascuna de les tres filles. Puig va dissenyar, en efecte, tres cases, però unides en un sol edifici en forma de castell medieval, inspirat en l'alemany de Neuschwanstein. L'immoble té sis torres coronades per agulles còniques. Per això és coneguda com la Casa de les Punxes.

L'edifici s'aixeca en una illa triangular de l'Eixample compresa entre la Diagonal, Rosselló i Bruc. El plafó independentista corona la façana del carrer Rosselló des de la inauguració de l'edifici l'any 1905. Sorprèn que el missatge independentista sobrevisqués durant tota la dictadura franquista, i fins i tot a l'existència, durant uns anys, d'una comissaria de policia als baixos.

La inclusió del rostre de l'arquitecte al costat del plafó en forma de signatura és un recurs que no havia utilitzat mai a les seves obres, tot i que cal assenyalar que la façana d'un altre dels seus edificis, el Palau Macaya, al passeig de Sant Joan, inclou la figura del mateix Puig i Cadafalch dalt d'una bicicleta, un transport que aleshores solia utilitzar per desplaçar-se per la ciutat quan visitava els seus projectes.

Rostre de Puig i Cadafalch amb què va signar el mural.

40

El sanatori fantasma del Tibidabo

Can Rectoret, un remot i aïllat barri de muntanya a Collserola, conserva les restes abandonades, en forma de castell, d'un centre antituberculós de 1905

Un estrany i espectacular edifici abandonat i en ruïnes, d'aspecte gairebé fantasmal, s'erigeix al cor del remot barri de Can Rectoret, on Barcelona s'enfila amunt per Collserola i ja no sembla Barcelona. Té aspecte de castell, però en realitat són els safareigs d'un sanatori antituberculós construït a principis del segle XX que mai no va arribar a entrar en funcionament. És l'únic edifici de tot el complex que encara queda dempeus.

El centre hospitalari va ser un projecte impulsat per la societat Sanatorio del Tibidabo, liderada pel doctor farmacèutic Salvador

Restes del sanatori antituberculós de Collserola.

Andreu, gran promotor urbanístic de la muntanya. Eren temps en què la tuberculosi feia estralls, i es va imposar un corrent per al tractament que aconsellava l'aïllament dels malalts en sanatoris on poguessin respirar aire pur a falta d'un tractament més eficaç. En aquest cas, es va optar pel pulmó verd de Collserola.

El disseny del complex va ser confiat a l'arquitecte Joan Rubió i Bellver, deixeble d'Antoni Gaudí, que el va construir entre el 1903 i el 1905. No obstant això, el centre mai no es va arribar a utilitzar i el sanatori pròpiament dit va ser destruït durant la Guerra Civil. Només queda dempeus el pavelló dels safareigs, que els experts no dubten a qualificar com a obra mestra de Rubió. L'edifici, de maó vist, té forma circular, dos pisos i està envoltat de vuit torres cilíndriques rematades amb puntes còniques, cosa que li dona l'aspecte de castell medieval. On hi va haver el cos central del sanatori s'aixeca avui un centre cívic. Les entitats veïnals de Can Rectoret reclamen la rehabilitació del castell i destinar-lo a usos culturals, però de moment aquestes demandes no han prosperat.

El que queda del sanatori està protegit com a patrimoni arquitectònic. Els propietaris van iniciar fa uns anys la construcció d'un aparcament, però les obres han estat abandonades i han deixat una estructura de formigó gens estètica a la part del carrer de Júpiter.

L'edifici causa un impacte de sorpresa en els comptats visitants d'aquest singular i aïllat barri de muntanya de carrers zigzaguejants, on els veïns ja s'han acostumat a conviure amb les famílies de porcs senglars que campen a gust per la zona.

CARRER DE
GUILLEM
DE LLÚRIA
LOCAL SOCIAL

41
Qui va ser Guillem de Llúria?

El Poblenou té un carrer entre Taulat i Amistat dedicat a un personatge que no va existir mai i que algú va rebatejar per evitar duplicitats amb el nom original, Roger de Llúria

Qui va ser Guillem de Llúria, per merèixer donar nom a un carrer de Barcelona? Doncs ningú. Potser al llarg de la història hi ha hagut algú que s'anomenava així, però, per descomptat, sense cap mèrit històric. Simplement, tot apunta a una decisió arbitrària d'algú que en algun moment havia de donar nom al carrer.

El carrer de Guillem de Llúria es troba al Poblenou. És un carrer curt i estret comprès entre els de Taulat i Amistat. El visitant ja sospita que passa alguna cosa rara quan la placa en què consta el

Carrer del Poblenou dedicat a un inexistent Guillem de Llúria.

nom diu només Guillem de Llúria, sense cap dada biogràfica addicional, com és habitual quan correspon a un personatge històric.

Segons el llibre *Els carrers del Poblenou*, editat per l'Arxiu Històric del Poblenou, el carrer s'havia anomenat, originalment, Llúria i, més tard, Roger de Llúria. Per evitar duplicitats amb el carrer del mateix nom de l'Eixample, es va decidir canviar-lo. I és llavors quan algú va decidir rebatejar el carrer canviant senzillament Roger per Guillem. Error històric? Llei del mínim esforç? Segurament no ho sabrem mai, però l'única cosa certa és que Barcelona té un carrer dedicat a algú que no va existir.

També al districte de Sant Martí, encara que al barri del Besòs, es dona un cas similar. En aquesta ocasió, no es tracta d'un carrer, sinó d'un monument. Així, a la rambla de Prim amb Cristóbal de Moura, hi ha un modest monument dedicat a Theolongo Bacchio, que suposadament va ser un cabdill laietà aliat de Roma que va lluitar contra els cartaginesos a l'indret que avui és Blanes. El problema és que, igual que Guillem de Llúria, mai no va existir i és fruit de la imaginació d'un historiador del segle XVI.

La història es remunta als anys seixanta i setanta del segle passat, quan un tècnic de Macosa i membre d'una entitat veïnal va impulsar la instal·lació d'un monument que afavorís les reivindicacions del barri davant les autoritats franquistes. Es va parlar de dedicar-lo a José Antonio Primo de Rivera, a l'alcalde Josep Maria de Porcioles, i fins i tot a Carmen Polo de Franco. Davant l'oposició popular a tots aquests noms, l'impulsor del monument va tenir l'ocurrència de l'inexistent cap laietà.

42
Dins de la torre del gas

Una escala de tipus imperial rep els escassos visitants de l'interior de l'icònic dipòsit modernista que subministrava aigua a pressió a l'antiga fàbrica gasística de la Barceloneta

És possible convertir una mera i funcional torre d'aigües per a ús industrial en una obra arquitectònica emblemàtica? Doncs sí. Només cal admirar la que Josep Domènech i Estapà va fer per a l'antiga fàbrica de gas de la Barceloneta. És una torre de vuit cares que sosté un dipòsit d'aigua cilíndric amb una capacitat de 450 metres cúbics. L'exterior, modernista, és d'una bellesa tan gran que es va convertir en la icona arquitectònica de la fàbrica. L'interior no es queda enrere.

Torre del Gas, a la Barceloneta.

Domènech i Estapà va dissenyar l'ampliació de la fàbrica, que es va produir entre el 1905 i el 1906. S'havia instal·lat a la Barceloneta el 1842 i era propietat de la Sociedad Catalana para el Alumbrado de Gas. D'aquella indústria avui només en queden com a testimonis la torre d'aigües i l'estructura d'un vell gasòmetre a l'actual parc de la Barceloneta, després que el conjunt va ser enderrocat en el procés de reforma previ als Jocs Olímpics de 1992.

La fàbrica va ser construïda quan l'Ajuntament decidí el 1840 introduir l'enllumenat de gas per a la via pública i els edificis de Barcelona. La torre, protegida com a bé cultural d'interès local, consta d'un cos octagonal de maó vist que sustenta el gran dipòsit que permetia satisfer la demanda d'aigua a pressió de la planta. Corona la torre una peça cònica revestida de trencadís.

L'interior és tan espectacular com l'exterior. Una escala d'estil imperial amb dos braços rep els escassos visitants que poden penetrar en els secrets de la torre. Hi ha tres plantes superiors connectades per una escala de cargol abans d'accedir al dipòsit, un mirador pràcticament inèdit de la Barceloneta, el front litoral del Poblenou i la Ciutadella. A cadascuna de les plantes intermèdies sobreviuen uns dipòsits d'acer on s'emmagatzemaven altres tipus de productes.

Domènech i Estapà es va inspirar en el disseny de torres d'aigües de models similars existents a Holanda i Frankfurt.

Interior de la Torre del Gas.

43
La capella parabòlica

El temple del col·legi major Ramon Llull, a l'Escola Industrial, va ser obra de Rubió i Bellver i destaca per l'obra vista, esgrafiats sobre el maó i l'ús d'arcs gaudinians

L'Escola Industrial acull a l'edifici del col·legi major Ramon Llull una curiosa capella obra de Joan Rubió i Bellver, un dels deixebles més brillants d'Antoni Gaudí, que destaca per un conjunt d'esgrafiats de color realitzats directament sobre maó i per l'ús d'arcs parabòlics a l'estructura. En conseqüència, es tracta d'una capella tan espectacular en el disseny com desconeguda en general, atès que no està oberta al públic.

La capella forma part de les obres de reforma a què va ser sotmesa a finals de la dècada de 1920 l'antiga Escola d'Agricultura per convertir-la en residència d'estudiants. Les obres es van confiar a Rubió i Bellver, que es va encarregar d'afegir a l'edifici un menja-

Capella del col·legi major Ramon Llull, a l'Escola Industrial.

dor i, a sobre d'aquest, la capella esmentada com a elements imprescindibles per al nou ús.

L'entrada a la capella produeix un gran impacte a causa dels esgrafiats ja esmentats, els arcs parabòlics i l'obra vista a base de maó, sistema que l'arquitecte va utilitzar en una altra capella també desconeguda a la Casa Balmesiana, al Barri Gòtic. De fet, per a alguns experts, l'ús dels arcs parabòlics en aquest i altres edificis és el que més acosta Rubió al seu mestre Gaudí.

La reconversió de l'Escola d'Agricultura en residència es va projectar perquè es pogués traslladar la llar pública per a estudiants que el 1921 s'havia inaugurat en un xalet del carrer de Ríos Rosas, a Sant Gervasi, i que havia quedat petit. Així, el 1929, encara sota la dictadura de Primo de Rivera, es va inaugurar la Residencia del Real Politécnico Hispanoamericano, que després de la caiguda del règim va passar a denominar-se Residència d'Estudiants de Catalunya.

Després d'una clausura breu com a conseqüència de l'entrada de les tropes franquistes a Barcelona, l'octubre de 1939 va reobrir les portes sota la tutela de la Diputació de Barcelona. El 1989 es va acordar cedir la gestió del centre a la Universitat de Barcelona, i es convertí des de llavors en el Col·legi Major Universitari Ramon Llull. Si en teniu l'ocasió, la visita val la pena.

44
L'altra muntanya de Montserrat

Una rèplica artificial de la serra s'erigeix des de fa més de 125 anys al parc de la Ciutadella, on actualment forma part del Zoo, adaptada com a hàbitat d'algunes espècies

Les muntanyes icòniques de Montserrat són un símbol sagrat i geològic de Catalunya. Tant, que a finals del segle XIX es va decidir construir-ne una rèplica al parc de la Ciutadella. Avui, aquesta reproducció subsisteix a l'interior del recinte del Zoo, adaptada com a hàbitat per a espècies d'herbívors d'alta muntanya, però encara es pot passejar entre les agulles artificials, com es podia fer lliurement en el moment de la construcció. És l'altra muntanya de Montserrat.

Un dels racons de la rèplica de Montserrat del Zoo.

La reproducció de la serra va ser inaugurada el 21 de desembre de 1895, com a part de l'oferta cultural i científica del parc, que anys abans havia acollit l'Exposició Universal de 1888, la primera gran manifestació de promoció exterior d'una Barcelona acabada d'alliberar de les muralles i de la fortalesa de la Ciutadella. Inicialment, quedava fora del recinte del zoològic, que havia estat obert tres anys abans.

La Montserrat artificial aviat va ser una atracció de visita obligada per als barcelonins. Molts s'hi fotografiaven. Fins i tot un jove Pablo Picasso la va plasmar en tres teles que es conserven al museu del carrer de Montcada. Després d'instal·lar-se a la ciutat amb la família el 1895, el parc, molt a prop del seu domicili, era freqüentat per l'artista encara adolescent, que hi va trobar part de la inspiració per a algunes de les primeres obres.

Amb els anys, el Zoo va créixer i va engolir la rèplica de Montserrat, que es va convertir en un hàbitat perfecte per a algunes espècies de cabres. Una visita detallada d'aquest indret del parc zoològic permet apreciar-ne el mètode constructiu, gràcies a algunes parts erosionades que mostren l'esquelet. La Montserrat artificial va ser construïda mitjançant una estructura de murs i voltes de maó recoberts de morter i àrids que imiten la composició de la muntanya real. L'interior és buit per alleugerir la càrrega.

Aquestes altres muntanyes de Montserrat estan protegides com a bé cultural d'interès nacional, la màxima protecció prevista per la legislació. Tot i els seus més de 125 anys d'història i les zones on s'ha perdut el morter original, la rèplica gaudeix d'un bon estat de salut gràcies a la solidesa amb què es va construir al seu moment.

La muntanya de Montserrat del Zoo és l'hàbitat d'algunes espècies d'herbívors.

S.A

45
La claveguera de la cervesa

La rambla de Guipúscoa conserva una tapa de registre d'una antiga conducció subterrània que duia aigua del Besòs fins a la fàbrica Damm, al carrer de Rosselló

Els carrers de Barcelona estan plens de tapes de registre de la xarxa de clavegueram, de l'enllumenat, de l'aigua, del gas, de la fibra òptica i de la cervesa. Sí, encara que sembli increïble. La prova es troba a la rambla de Guipúscoa, a l'altura del carrer de l'Agricultura. Allà es pot contemplar una sorprenent tapa de la cervesera Damm. Però que ningú es pensi que només cal aixecar la tapa i servir canyes a discreció. En realitat, es tracta d'una antiga conducció que subministrava aigua des del Besòs fins a la fàbrica de cerveses del carrer de Rosselló.

Tapa de la conducció que duia aigua del Besòs a la fàbrica de cerveses Damm.

Aquesta curiosa tapa cal buscar-la en un aparcament per a motos senyalitzat a la calçada. Part d'una de les ratlles blanques de separació de les places d'estacionament travessa la placa, però no pot amagar la inscripció Damm SA al ferro colat. Aquesta tapa de registre formava part d'un sistema d'abastament d'aigua de la fàbrica, inaugurada el 1905 a l'illa compresa entre Rosselló, Dos de Maig, Còrsega i Cartagena.

La producció de cervesa requeria aigua de qualitat i, per això, els caps de la Damm van optar per transportar-ne des d'una mina que la recollia del riu Besòs. D'aquí es conduïa fins a la rodalia de la plaça de les Glòries, on una bomba la duia a la fàbrica de Rosselló. Aquesta va mantenir la producció fins al 1992, quan es va traslladar al Prat. L'antiga fàbrica és avui la seu corporativa de la companyia, que també acull diverses activitats culturals.

L'empresa Damm deu el nom al cognom dels cosins cervesers alsacians August i Joseph, que van arribar a Barcelona exiliats després de la guerra francoprussiana de principis de la dècada de 1870. El 1876 van obrir una fàbrica de cervesa al número 27 del carrer de Viladomat. Després d'una sèrie de fusions amb altres cerveseres locals, el 1905 van obrir la fàbrica de Rosselló, coneguda com La Bohèmia, on van concentrar la producció. Un local posterior al de

Viladomat, a Urgell-Diputació, va quedar com a centre de producció de reforç i de distribució.

Hi ha almenys una segona tapa de conducció d'aigua de la Damm supervivent a la rambla de Guipúscoa, a la confluència amb la Via Trajana.

46
La llum del Morrot

El centenari far de Montjuïc, d'accés complicat i enmig d'una reserva natural, segueix funcionant des de 1906, encara que ja fa dècades que està automatitzat

Arribar al far de Montjuïc no és una tasca fàcil. Situat al vessant de la muntanya, a l'anomenat Morrot, l'accés es fa a través d'una estreta carretera serpentejant que parteix d'un punt remot de la zona portuària que ningú diria que és Barcelona, després de creuar una via fèrria per la qual només circulen mercaderies, just per sota de la ronda del Litoral. Si el visitant aconsegueix per fi orientar-se i superar tots els obstacles, arribarà a l'edifici centenari que acull el far.

El seu origen es remunta al 1906, quan es va plantejar la construcció d'un far en aquesta part de Montjuïc que substituís el del Llobregat i l'antic del port, que actualment s'erigeix encara al moll de pescadors. Inicialment era un far modest consistent en un llum

El port, des del far de Montjuïc.

de petroli sobre una estructura provisional. A causa de la poca intensitat de la llum, el 1915 es va substituir per un llum incandescent de 3.000 bugies que era visible a més de 30 milles de distància.

Va ser aleshores quan es va encarregar a l'enginyer Josep Cabestany el disseny del far actual. Després de superar alguns obstacles burocràtics i financers, el 7 de gener de 1922 es va posar la primera pedra. L'edifici, de planta gairebé rectangular, consta de tres pisos més la torre del far pròpiament dit. Incloïa dos habitatges per a dos faroners i les seves famílies, a més de despatxos i taller. Ja fa anys que el far està automatitzat i, per tant, van deixar de viure-hi faroners. Els darrers es van mudar definitivament l'any 2000. El seu aspecte interior mostra que recentment es van fer obres per adequar-lo com a centre de reunions, impulsat per l'Autoritat Portuària de Barcelona, de qui depèn. Una de les sales, amb àmplies finestres diàfanes, ofereix una panoràmica única sobre els molls.

El projecte del centre de reunions de moment no ha prosperat, per les reticències que va despertar entre sectors ambientalistes, ja que el far s'ubica en una de les poques reserves de biodiversitat de Barcelona, entre el castell de Montjuïc i la ronda del Litoral. El far no està obert al públic i, per tant, per accedir-hi cal una autorització especial.

Interior del far i vista del port, des del far de Montjuïc.

47
Les casetes dels estibadors

Setze cases barates sobreviuen al passatge de l'Esperança, a Nou Barris, juntament amb un gran dipòsit d'aigua. Es van construir el 1928 per als carregadors i descarregadors de cotó

Barcelona no deixa de sorprendre quan un descobreix racons bucòlics que és gairebé un miracle que hagin arribat fins als nostres dies. Un d'aquests és a Nou Barris, al barri de Vilapicina. Es tracta del passatge de l'Esperança, format per un conjunt de casetes de les anomenades «barates», construïdes a la dècada de 1920 per al col·lectiu dels estibadors de cotó del port. Del projecte original en sobreviuen la meitat de les cases i un enorme dipòsit d'aigua que proveïa tots els habitatges.

Passatge de l'Esperança, al costat de la plaça del Virrei Amat.

El dipòsit, situat en una de les cantonades del conjunt, és únic a Barcelona i l'element identificador del sector delimitat pels carrers de la Jota, Desfar, Escòcia i Arnau d'Oms, molt a prop de la plaça del Virrei Amat. Els habitatges són de planta baixa i originalment se'n van projectar 30. Avui només en queden 16 dempeus.

El promotor del projecte va ser l'empresari tèxtil Lluís Jover Castells, que va impulsar també la Sociedad Cooperativa de Cargadores y Descargadores de Algodón. Aquesta, l'any 1926, va comprar el terreny i va acabar les cases dos anys després, sota la direcció de l'arquitecte Agustí Domingo Verdaguer. Una placa a la cantonada del passatge amb Arnau d'Oms recorda l'empresari.

El passatge de l'Esperança ha aconseguit sobreviure malgrat les contínues amenaces especulatives. La primera va ser el 1960, amb motiu del pla urbanístic per als habitatges del Congrés Eucarístic, que preveia enderrocar tots els habitatges i substituir-los per tres blocs de pisos. De nou van resultar afectades pel Pla General Metropolità de 1976, fins que finalment van ser protegides el 1985 i el 2001.

Les cases barates del passatge de l'Esperança formen part d'un conjunt de promocions impulsades a principis del segle XX per proporcionar habitatges dignes a la classe obrera. En aquest cas, els beneficiats van ser els estibadors de cotó del port.

Una casa del passatge de l'Esperança.

48
La Menorca de Francesc Macià

L'arquitecte i paisatgista Rubió i Tudurí va projectar un estany amb la silueta de l'illa al jardí de la rotonda de la Diagonal, que només és visible des d'un punt elevat

Només és totalment visible des d'un lloc elevat perquè és inaccessible a peu, tret que un es jugui la vida creuant diversos carrils sense semàfor i amb un trànsit intens. Es tracta del jardí situat a la rotonda de la plaça de Francesc Macià, dissenyat a principis dels anys trenta del segle passat per Nicolau Maria Rubió i Tudurí, arquitecte i paisatgista menorquí amb obra abundant a Barcelona. I, per rendir homenatge a la seva terra natal, Rubió i Tudurí va concebre un estany amb la forma de l'illa balear.

Plaça de Francesc Macià.

La plaça identificada des de 1979 al nomenclàtor de la ciutat com a Francesc Macià va ser dissenyada el 1930, com a part del projecte d'urbanització de l'avinguda anomenada llavors d'Alfons XIII, l'actual Diagonal. De forma circular, hi conflueixen, a més de la Diagonal, les avingudes de Josep Tarradellas i de Pau Casals, i el carrer del Comte d'Urgell. Aquesta rotonda és un dels punts neuràlgics de l'entrada i la sortida de Barcelona.

I, al mig, un jardí també circular obra de Rubió, on destaca l'estany amb la forma de la seva illa natal. Quan tenia 6 anys, la família es va traslladar a Barcelona. Després de graduar-se el 1915 a l'Escola d'Arquitectura, va col·laborar amb el seu mestre, el paisatgista francès Jean-Claude Nicolas Forestier, en obres d'enjardinament emblemàtiques de la ciutat, com ara els jardins de Laribal i Miramar, a Montjuïc; l'antiga plaça d'armes de la Ciutadella, davant del Parlament, i el parc del Guinardó, entre d'altres. També va ser professor d'Arquitectura i Jardins a l'Escola Superior de Bells Oficis de la Mancomunitat de Catalunya, i el 1917 va ser nomenat director de Parcs i Jardins de Barcelona, càrrec que va ocupar fins al 1937.

Rubió es va exiliar a París al final de la Guerra Civil. Va tornar el 1946 i va mantenir la seva activitat professional en l'àmbit privat. El seu darrer treball va ser la urbanització de la plaça de Gaudí, davant de la façana del Naixement de la Sagrada Família. De fet, va ser una obra pòstuma, ja que Rubió va morir el setembre de 1981, quatre mesos abans de la inauguració.

L'estany amb la forma de l'illa de Menorca a la plaça de Francesc Macià.

49
El Louvre del Guinardó

Una font als jardins de Mas Ravetllat-Pla inclou una rèplica de la* Venus de Fréjus, *una estàtua romana còpia d'una de grega que forma part de la col·lecció del museu parisenc

Els jardins de Mas Ravetllat-Pla, al Guinardó, exhibeixen, des de fa gairebé un segle, una còpia de l'estàtua romana coneguda com a *Venus* o *Afrodita de Fréjus*, que es conserva al Museu del Louvre. L'estàtua forma part d'una font dissenyada per l'arquitecte Adolf Florensa per a l'antiga finca, convertida avui en casa-museu d'antiguitats.

L'estàtua del Louvre, que data del segle I aC, va ser trobada el 1650 a la població de Fréjus, al sud de França. Inicialment es va instal·lar al palau de les Tulleries i, més tard, a Versalles, fins que va arribar al gran museu parisenc el 1803, després de la Revolució Francesa. La *Venus de Fréjus* és, en realitat, una de les diverses cò-

Rèplica de la Venus de Fréjus *al Guinardó.*

pies conegudes realitzades en època romana d'una estàtua en bronze obra de l'escultor atenès Cal·límac al segle IV aC. Avui, aquesta obra està perduda, però en perduren algunes de les còpies esmentades.

La font de Florensa és d'estil noucentista. La còpia de la Venus n'ocupa el cos central. Com les seves germanes, sosté a la mà esquerra la poma de la discòrdia que, segons la llegenda, es van disputar Atenea, Hera i la mateixa Afrodita per decidir quina de les tres era la més bella. Va vèncer Afrodita després de prometre a Paris, que exercia d'àrbitre, que seria estimat per la dona més bella de Grècia.

La font i la còpia de la Venus són molt a prop de l'entrada al recinte de Mas Revetllat-Pla situada a l'avinguda de la Mare de Déu de Montserrat. Els jardins de la finca, propietat d'una família farmacèutica, actualment són públics, i porten el nom del Doctor Pla i Armengol, mentre que la casa va ser habilitada el 2015 com l'esmentada casa-museu. Gràcies a Florensa, aquest racó del Guinardó posseeix —encara que en còpia— una part de la història de l'art grecoromà.

50
Quan la platja de la Barceloneta era una escola

Una placa difícil de trobar al terra del passeig Marítim és l'única memòria de l'Escola del Mar, una experiència innovadora destruïda per una bomba franquista el 1938

Una bomba franquista va posar fi a la història d'un singular edifici que durant 16 anys es va erigir al costat de la platja de la Barceloneta, al final de l'actual carrer de Pepe Rubianes. Es tractava de l'Escola del Mar, un centre educatiu innovador on els infants es formaven en contacte amb la natura; en aquest cas, el mar. Avui, tan sols una placa, gens fàcil de trobar, al terra del passeig Marítim recorda la seva existència i la seva arquitectura especial.

L'indret de la Barceloneta on estava situada l'Escola del Mar.

L'Escola del Mar va ser una de les experiències que van intentar revolucionar l'educació a principis del segle xx. Era, d'alguna manera, la rèplica marítima de l'Escola del Bosc que des de 1914 funcionava a Montjuïc. Al principi, estava pensada perquè infants que havien patit malalties pulmonars com tuberculosi i bronquitis es formessin en un ambient sa, de manera que gairebé totes les activitats tenien lloc a la sorra de la platja, en contacte amb el mar i l'aire. S'hi fomentaven valors com la igualtat de sexes i se seguia una metodologia pedagògica molt diferent de la que es practicava als centres escolars clàssics.

Va ser inaugurada el 26 de gener de 1922 en un edifici fet totalment de fusta, dissenyat per l'arquitecte noucentista Josep Goday. Tenia forma de U oberta encarada al mar i constava de tres mòduls assentats sobre una sèrie de columnes de pedra com si fos un *hórreo*. Els alumnes accedien a la platja mitjançant unes escales llevadisses. L'edifici semblava un vaixell embarrancat.

Per tal de fomentar i transmetre els valors de l'escola, els estudiants s'agrupaven en tres grups identificats amb un color. Cada grup elegia democràticament el seu president i competien entre si en concursos literaris, escacs, gimnàstica i altres activitats, amb què s'aconseguien punts. El grup amb més puntuació formava el consell general, que tenia capacitat de prendre decisions sobre el funcionament de l'escola. Els grups actuaven, de fet, com a partits en el marc del que es considerava una república escolar.

La història de l'Escola del Mar a la Barceloneta va acabar el 7 de gener de 1938, quan una bomba llançada per l'aviació italiana la va destruir completament. L'escola va continuar l'activitat a Montjuïc, en un edifici on avui hi ha instal·lat el Museu Etnològic. El 1948 es va traslladar al Guinardó, al carrer de Gènova, a l'antiga masia de Can Sors, on encara avui s'intenta mantenir el llegat del fundador de l'escola, el pedagog Pere Vergés. D'aquella escola a la platja de la Barceloneta només en queda la placa, instal·lada el 1997.

Placa que recorda la destrucció de l'Escola del Mar durant la Guerra Civil.

С.С.С.Р.
ГЕНЕРАЛЬНОЕ КОНСУЛЬСТВО
Пролетарии всех стран соединяйтесь!
Пролетарі всіх країн єднайтеся!
Пролетарыі ўсіх краёў злучайцеся!
U.R.S.S.
CONSULAT GÉNÉRAL
A BARCELONE

51
El búnquer del Tibidabo

L'actual seu de la Mútua Universal conserva intacte un refugi de 50 metres quadrats construït a la Guerra Civil, quan l'edifici va ser consolat de la Unió Soviètica

El palauet que s'alça al número 17 de l'avinguda del Tibidabo és actualment la seu de la Mútua Universal. Però al subsol guarda un dels grans secrets de la Guerra Civil, un búnquer intacte de 50 metres quadrats, herència del seu passat com a Consolat General de la Unió Soviètica a Barcelona. El búnquer no està obert al públic i, per tant, no es preveu que es pugui visitar, excepte en alguna ocasió especial.

L'edifici va ser construït com a residència de la família Andreu. El doctor Salvador Andreu era un important empresari farmacèutic barceloní que va destacar també com a promotor immobiliari. A ell li devem la urbanització del Tibidabo.

Escut del consolat de la Unió Soviètica, actualment a l'entrada del búnquer.

En esclatar la Guerra Civil, el palauet va ser requisat per allotjar-hi el consolat soviètic, que a la pràctica feia funcions d'ambaixada un cop Espanya i l'URSS van restablir el 1936 les relacions diplomàtiques, trencades arran de la revolució de 1917.

Com a cònsol, Stalin va nomenar un pes pesant de la revolució, Vladímir Antónov-Ovséienko, que es va destacar per dirigir l'assalt al Palau d'Hivern del Tsar. Els persistents bombardejos registrats sobre Barcelona el 1937 van aconsellar la construcció del búnquer. Amb parets de formigó armat de 40 centímetres de gruix i dos accessos a través de dues portes pesants de ferro, es va dissenyar amb el propòsit que es pogués mantenir l'activitat de la legació durant llargs períodes de temps. Així, el refugi compta amb diversos despatxos, latrines i, en el seu moment, un generador elèctric autònom del qual encara es pot apreciar part de la maquinària.

A l'entrada del búnquer es conserven elements antics del consolat, com algunes plaques i una descolorida bandera soviètica. Des del consolat de l'avinguda del Tibidabo es va organitzar la major part de l'ajut militar soviètic a la República. S'especula, fins i tot, que podria haver existit una connexió amb la *txeca* (centre clandestí de detenció i tortura) situada a la mansió veïna de La Tamarita.

Interior del búnquer.

52
A 15 metres sota Interior

La Conselleria conserva un refugi antiaeri fet pels treballadors d'Aigües de Barcelona, que va tenir la seu a l'edifici fins al 2005, després d'adquirir-lo a una família del tèxtil

A 15 metres sota la Conselleria d'Interior, hi ha cent metres de galeries en forma de laberint. Es tracta d'un antic refugi antiaeri construït pels treballadors d'Aigües de Barcelona quan aquesta companyia ocupava l'anomenat Palauet de Santa Isabel, a la confluència del passeig de Sant Joan amb el carrer de la Diputació. El refugi està en perfecte estat de conservació i a les parets hi pengen uns murals sobre la seva història, instal·lats el 2009.

En total, són sis passadissos d'aproximadament 1,5 metres d'amplitud i 2 d'alçària. En iniciar-se la Guerra Civil i els bombar-

Escales de l'antic refugi de l'edifici d'Aigües de Barcelona, avui seu de la Conselleria d'Interior.

dejos indiscriminats de l'aviació franquista sobre Barcelona, Aigües de Barcelona va decidir construir un refugi per a la protecció dels seus treballadors, i també per als ciutadans que es trobessin a prop. Van ser els mateixos empleats els qui es van encarregar de les obres.

La companyia tenia la seu al palauet des de 1920, quan va adquirir l'immoble, que havia estat propietat de l'empresari tèxtil Frederic Ricart Gibert, marquès de Santa Isabel. L'edifici, dissenyat per Josep Fontserè, combinava les funcions de residència familiar i seu social de l'empresa Can Ricart, que tenia la fàbrica al Poblenou. Aigües de Barcelona va mantenir la seu fins a l'any 2005, quan el palauet va ser adquirit per la Generalitat per instal·lar-hi la Conselleria d'Interior.

Del vell refugi se'n conserven encara dues latrines i una cambra que s'havia utilitzat com a infermeria o rebost. També són visibles les restes d'una de les dues sortides d'emergència, que donaven al carrer de la Diputació i al passeig de Sant Joan. Després de la guerra va ser utilitzat com a magatzem i arxiu de l'empresa. El 2009, la Direcció General de la Memòria Històrica el va habilitar per poder-lo visitar i el va equipar amb elements museístics que encara es poden veure.

Interior del refugi.

53
Els trets de la Generalitat

La façana posterior del palau conserva impactes de bala registrats durant els fets de Maig de 1937, que van enfrontar les forces de l'ordre amb la CNT i la FAI i en què va morir un mosso

Passen desapercebuts per a la gran majoria dels milers de persones, entre turistes i barcelonins, que cada dia transiten pel carrer del Bisbe, però no per a un bon observador o amant de la història. Parlem dels impactes de bala que hi ha a la façana posterior del Palau de la Generalitat; en concret, a les cantonades del carrer de Sant Sever amb Bisbe i Sant Honorat. Són el record dels anomenats fets de Maig, que el 1937, en plena Guerra Civil, van enfrontar les forces d'ordre públic de la Generalitat amb milicians de la CNT i la FAI.

Trets a la façana posterior del Palau de la Generalitat produïts durant els fets de Maig

Aquest va ser un dels punts d'intercanvi de trets entre els dos bàndols, i les marques a les parets de la Generalitat en són els testimonis, i també el record del caporal dels Mossos d'Esquadra Francesc Farrés, que va morir en aquest enfrontament en impactar-li una bala a les costelles. Els fets es van produir entre el 3 i el 7 de maig de 1937, i es van saldar amb uns 500 morts i més d'un miler de ferits.

El desencadenant es considera que va ser Eusebi Rodríguez Salas, llavors comissari d'ordre públic de la Generalitat i militant del PSUC, que el dia 3 va ocupar amb 200 guàrdies d'assalt l'edifici de Telefónica de la plaça de Catalunya, sota el control de la CNT. El sindicat anarquista ho va considerar una provocació i va fer una crida als seus militants a defensar l'edifici. I van començar les hostilitats. Els dos dies següents van ser els que van registrar els tirotejos més intensos, i el dia 7 van cessar finalment.

L'atac a la Generalitat es va produir el dia 4. Els anarquistes van utilitzar fins i tot bombes de mà contra els mossos que defensaven el palau. Va ser llavors quan el caporal Farrés va caure abatut. Els fets van ser presenciats per membres de la seva família, que vivia al mateix carrer de Sant Sever.

Als enfrontaments, les forces de l'ordre públic de la Generalitat van rebre el suport del PSUC, la UGT i Estat Català, mentre que el POUM es va alinear amb la CNT i la FAI. Després dels fets de Maig, el Govern de la República es va fer càrrec de l'ordre públic a Catalunya, i la Generalitat en va perdre les competències.

Carcelera, toma la llave,
que salga el preso a la calle.
Que vean sus ojos los campos
y, tras los campos, los mares,
el sol, la luna y el aire.
Que vean a su dulce amiga,
delgada y descolorida,
sin voz, de tanto llamarle.
Que salga el preso a la calle.
Rafael Alberti

54
Viure en una comissaria

Un principal de la rambla del Poblenou, que va ser dependència policial a la postguerra i avui és habitatge, conserva la sinistra porta d'acer d'un dels calabossos

Us mudaríeu a viure en una comissaria de policia? Realment no és usual, però això és el que van fer J. S. i la seva dona quan el 1997 van adquirir un principal de la rambla del Poblenou que durant dècades havia estat ocupat per agents de la Policia Nacional. Es van trobar el pis en molt mal estat i pintat de gris, per la qual cosa van haver d'invertir dos anys de reformes abans de poder instal·lar-s'hi. Van eliminar tot allò que tenia a veure amb l'activitat policial, però van decidir quedar-se la porta d'acer d'un dels calabossos, que encara es manté en una de les estances.

Porta del calabós de l'antiga comissaria de la rambla del Poblenou, reconvertida en habitatge.

J. S. recorda haver acudit moltes vegades a la comissaria que acabaria sent casa seva, a sol·licitar permisos i altres gestions. Recorda que al menjador és on s'expedien els DNI. Hi van trobar dues cel·les. Una, més gran, contenia bancs d'obra i era la destinada als detinguts que acabaven passant la nit a les dependències. Aquest antic calabós va acabar convertit en l'habitació de la seva filla. El segon calabós era molt més petit i és el que tenia la porta que van conservar, amb el forrellat i una diminuta finestra enreixada.

Van decidir conviure-hi no per cap impuls morbós, sinó perquè a la cara interior van llegir una inscripció feta per un pres que els va arribar al cor i que encara hi és: «Os quiero padres». I així és com la sinistra porta segueix al seu lloc, actualment plena d'imants i amb les restes molt deteriorades d'una pistola que van trobar enterrada al pati.

Abans d'esdevenir comissaria, el pis de J. S. va ser durant la guerra una seu de la FAI. I, abans, tot apunta que va ser l'habitatge i la consulta d'un metge, si hem de jutjar per la distribució del pis, que llavors tenia dues entrades independents. Es va convertir en comissaria a la postguerra, i fins al 1997. Segons el propietari actual, per casa seva va passar tot el Poblenou a fer-se el carnet d'identitat, i fins i tot creu que el Vaquilla va ser-ne en algun moment un dels estadants forçats.

A més de la porta del calabós i la pistola rovellada, J. S. conserva una porta corredissa modernista de gran bellesa que van restaurar, i en un calaix segueixen les antigues claus, amb un clauer que porta escrit a màquina en una etiqueta: «Almacén. Antes DNI».

ORA·ET·LABORA

55
L'església de l'Eixample que mira cap a l'orient

La parròquia de la Mare de Déu dels Àngels, a Balmes amb València, és l'única de la trama Cerdà orientada a l'est perquè és l'única construïda sobre un xamfrà

La parròquia de la Mare de Déu dels Àngels es troba a la confluència de Balmes amb València i té la gran particularitat que es tracta de l'única església de l'Eixample aixecada sobre un xamfrà i, per tant, l'única orientada a l'eix est-oest, tal com dicten els cànons cristians. La resta d'esglésies de la trama Cerdà tenen la façana en algun dels costats de les illes, per la qual cosa no n'hi ha cap més que tingui l'altar mirant a l'orient.

Torre del campanar de l'església de la Mare de Déu dels Àngels, al carrer de Balmes.

El temple és obra de l'arquitecte Josep Danés, que va presentar el projecte el 1934. La Guerra Civil va interrompre l'inici de les obres, que no començarien fins al 1942, amb la col·locació de la primera pedra. No deixa de sorprendre que aquesta sigui l'única església de tot l'Eixample orientada correctament. Era possible ferho sempre que s'ubiqués al xamfrà, però, tret d'aquesta ocasió, no es va tenir en compte en cap altre cas, segurament perquè era més fàcil construir les parròquies amb la façana enfocada a un dels carrers.

Aquest temple té una segona singularitat, producte del caràcter monumental que hi va voler imprimir Danés. Es tracta del campanar, que conté un interessant i original rellotge de sol de quatre cares, orientades a cadascun dels punts cardinals. Està fet amb la tècnica de l'esgrafiat i data de 1955. Des del carrer, només són visibles les cares orientades a l'oest, nord i sud. L'orientada a l'est tan sols és visible des de l'interior de l'illa. Així, aquesta marca les hores des que surt el sol fins al migdia. La de l'oest marca les hores des del migdia fins a la posta de sol. La de la façana nord marca les hores només a l'estiu i únicament les primeres i les darreres del dia.

A les quatre cares del rellotge també hi ha marcades les línies zodiacals i les estacions. Entre els experts es considera que és una joia de la gnomònica, l'art de construir rellotges de sol.

Interior de l'església de la Mare de Déu dels Àngels.

56
La presó de la Sisena Flota

L'Associació d'Amics del Museu Marítim gestiona les sales del baluard de Santa Madrona en què es van recloure durant dècades els militars nord-americans detinguts

Si entreu a les estances situades al baluard de Santa Madrona de les antigues muralles, que actualment formen part del Museu Marítim de les Drassanes, hi trobareu unes quantes persones treballant en maquetes de vaixells. Són membres de l'associació d'amics del museu, als quals se'ls va cedir el local l'any 2017. Però, durant algunes dècades, i en determinats períodes, aquest mateix espai era utilitzat com a calabós dels militars nord-americans detinguts per la policia militar en els temps

Interior del baluard de Santa Madrona, que va ser calabós dels militars de la Sisena Flota.

en què periòdicament atracaven al port de Barcelona els navilis de la Sisena Flota.

La presència de vaixells de la Sisena Flota a Barcelona va ser habitual des de principis de la dècada dels cinquanta fins a finals dels vuitanta. Era una de les escales dels vaixells pertanyents a la unitat de la Navy (la Marina estatunidenca) a la Mediterrània. Eren dies en què la Rambla i el Raval s'omplien de mariners i d'altres militars que gaudien d'unes hores de permís. Locals com el Cosmos, el Kentucky i nombrosos bordells feien l'agost.

Alguns d'aquests membres de la Sisena Flota aprofitaven les hores a terra per cometre alguns excessos, per la qual cosa eren detinguts per la policia militar, que els dipositava a les esmentades dependències del baluard, a les quals s'accedeix per la plaça de Blanquerna, al costat del carrer del Portal de Santa Madrona. D'aquí, eren transportats de nou als seus vaixells, juntament amb la resta de mariners, a bord d'unes barcasses llançadora. Va ser precisament en un d'aquests trasllats de matinada, el 17 de gener de 1977, que una de les barcasses va xocar amb un mercant davant del moll de Barcelona. Hi van resultar morts 49 militars.

Les estances del baluard també van ser, durant un temps, magatzem municipal i narcosala. Enric Garcia, director del Museu

Marítim, explica que en aquests moments s'està estudiant la recuperació d'aquest espai, un cop es pugui fer una rehabilitació que resolgui alguns problemes estructurals que pateix.

Exterior del baluard.

ACTUARON
EN BARCELONA, IGUAL
PERO CON MAS PUBLICO
SAMSUNG

57
La suite dels Beatles

L'hotel Avenida Palace ha convertit una de les estances on es van allotjar John, Paul, George i Ringo en una habitació museu de la visita del grup a Barcelona l'any 1965

Us agraden els Beatles? Si la resposta és afirmativa, us agradaria dormir en una de les habitacions on es van allotjar a Barcelona? Segur que sí. Doncs això és possible a l'hotel Avenida Palace, a la Gran Via. Allà es pot reservar l'habitació 111, convertida en un espai de museu de la visita que el grup de Liverpool va fer el 3 de juliol de 1965 a la ciutat per actuar a la Monumental.

John Lennon, Paul McCartney, George Harrison i Ringo Starr van reservar la *master suite* de l'hotel, avui convertida en les habitacions 109, 110 i 111. Van dormir en altres habitacions a la mateixa planta, però van passar la major part del temps a la suite. Allà,

Un baix Hohner com el que tocava Paul McCartney adorna l'habitació.

la fotògrafa Joana Biarnés els va convèncer per fer el seu històric reportatge en exclusiva.

L'habitació està plena de fotografies i retalls de premsa emmarcats. La icònica imatge dels Beatles creuant el londinenc pas zebra d'Abbey Road, que va ser portada del disc del mateix nom, presideix l'estança sobre el llit. Fins i tot hi ha un baix Hohner, com el que tocava Paul, penjat en una de les parets, però amb un error només evident per a un beatlemaníac: és un baix per a dretans, mentre que el que tocava McCartney era per a esquerrans.

El responsable que els Beatles s'allotgessin a l'Avenida Palace va ser l'exvicepresident del Barça i hoteler Joan Gaspart. La història és que, sent molt jove, va estudiar a Liverpool i solia anar a The Cavern, el club on el grup tocava als inicis. Gaspart va fer amistat amb Paul McCartney i li va comentar que, si algun dia anaven a Barcelona, el seu pare regentava un hotel molt cèntric. La beatlemania encara no havia esclatat, però quan, anys després, es va programar el concert a la Monumental, Paul va insistir al seu mànager per reservar a l'hotel dels Gaspart. I així va ser. Una de les fotos que pengen a la suite és precisament una del grup amb un joveníssim Joan Gaspart.

Els Beatles van arribar a Barcelona el 3 de juliol de 1965, l'endemà d'haver actuat a Madrid. I una anècdota per a la història: a causa de l'allau de fans quan van arribar, els pantalons de John Lennon van quedar tan arrugats que Joan Gaspart li va deixar els seus per a l'actuació.

La caràtula del disc Abbey Road, *sobre el llit de l'habitació.*

AAVV. i COMERCIANTS
PORTAFERRISSA
CUCURULLA
i
BOTERS
Octubre 1995

58
L'empremta de Pasqual Maragall

Una petjada sense nom però que pertany a l'exalcalde presideix la confluència de Portaferrissa, Cucurulla i Boters, origen de la gran zona de vianants del Barri Gòtic

En un dels punts més cèntrics del Barri Gòtic i mig amagada per tres grans testos, hi ha una petjada anònima al costat d'una placa. La placa diu: «AAVV i Comerciants Portaferrissa, Cucurulla i Boters. Octubre 1995». Deixa constància que en aquella data es va inaugurar la pavimentació actual d'aquest centre neuràlgic del comerç de Ciutat Vella. Al costat de la placa, una petjada. No diu a qui correspon. Només uns quants iniciats saben que es tracta de la petjada de l'exalcalde de Barcelona i expresident de la Generalitat Pasqual Maragall.

Petjada de Pasqual Maragall al Barri Gòtic.

Aquest va ser l'homenatge que els veïns i comerciants d'aquest eix comercial van dedicar a l'històric alcalde, després que els donés suport en la seva reivindicació per canviar el paviment anterior i afegir algunes millores en la il·luminació i la neteja. Resulta que el terra anterior estava format per rajoles que en dies de pluja resultaven molt relliscoses i havia causat més d'un accident.

La idea de la petjada va ser del president de l'entitat, Miquel Carner. Després d'aconseguir la silueta d'una sabata de Maragall, es va dedicar pacientment a casa seva a modelar-ne l'empremta en una de les lloses. El dia de la inauguració hi havia tot el nou paviment llest, excepte aquesta peça, que es va col·locar just a la confluència dels tres carrers històrics de Portaferrissa, Cucurulla i Boters. La iniciativa va sorprendre el mateix Maragall, recorda Carner. Des d'aleshores, en aquest punt es manté l'empremta de l'alcalde dels Jocs de 1992.

Aquest eix comercial va ser pioner a principis dels anys setanta en la creació d'un pas exclusiu per als vianants durant determinades franges horàries els dies laborables. La iniciativa havia partit d'alguns comerciants i va tenir una certa resistència, però finalment es va imposar. Una dècada després, l'illa de vianants del Barri Gòtic, ampliada ja a més vies, es va consolidar amb un nou paviment que ja vetava definitivament el trànsit de vehicles, excepte algunes operacions de càrrega i descàrrega. Aquest primer paviment de vianants és el que va crear alguns problemes, fins que el 1995 va ser substituït definitivament per l'actual.

59

L'*hórreo* de Sarrià

El Centre Asturià de Barcelona conserva un magatzem rural típic de finals del segle XVIII originari del Consejo de Carreño, donat pel govern d'aquella comunitat

L'*hórreo* és una construcció destinada a guardar i conservar els aliments allunyats de la humitat i els animals. La seva característica especial és que es manté aixecat sobre uns pilars de pedra. Se'n troben a les zones rurals de Galícia i Astúries, encara que és possible trobar-ne alguns allunyats del paisatge habitual. Per exemple, al bell mig de Sarrià, dins del recinte del Centre Asturià de Barcelona.

L'entitat conserva dos *hórreos*. Un té un gran valor patrimonial, ja que es tracta d'un exemplar de finals del segle XVIII que va ser donat pel govern asturià a mitjans de la dècada de 1990. Procedeix del Consejo de Carreño. Es trobava en uns terrenys que van ser adquirits per la multinacional Dupont. Després de la compra, l'ad-

Antic hórreo *al Centre Asturià de Barcelona.*

ministració autonòmica es va fer càrrec d'aquest i d'altres *hórreos* que es trobaven a la propietat.

En realitat, la construcció que custodia el Centre Asturià és una *panera*, un dels dos tipus d'*hórreo* asturià. L'*hórreo* pròpiament dit s'eleva sobre quatre pilars o *pegollos*. La *panera* té sis o més pilars, que es caracteritzen per estar coronats per un capitell quadrat i pla de pedra que té la funció d'impedir l'accés als ratolins.

Des del 2010, el Centre Asturià compta també amb un petit *hórreo* infantil donat per una de les sòcies benefactores de l'entitat. L'associació va ser fundada el 1930 amb el nom de Centre Asturià de Catalunya, encara que l'activitat de ciutadans asturians a Barcelona està documentada des de 1887. L'activitat del centre es va mantenir fins al 1939, al final de la Guerra Civil.

L'entitat va ser refundada el 1952 ja com a Centre Asturià de Barcelona. Inicialment, es va instal·lar al número 78 del passeig de Gràcia, on es va mantenir fins al 2002. L'increment del lloguer va obligar a traslladar la seu social a l'actual recinte del carrer de Ràfols, 17-23. El centre compta amb unes àmplies instal·lacions on es desenvolupen activitats educatives, recreatives, benèfiques i esportives.

DE LA
MARE DE DÉU
DELS REIS

60
La Rússia ortodoxa de Vallcarca

La comunitat ocupa des del 2012 a Barcelona l'antiga parròquia catòlica de Sant Jordi, cedida per l'arquebisbat després d'haver quedat en desús per al culte als anys setanta

Una cúpula daurada característica de les esglésies ortodoxes emergeix a tocar del viaducte de Vallcarca des d'un racó del carrer de la Mare de Déu dels Reis. És una antiga parròquia catòlica reconvertida en l'església de la comunitat ortodoxa russa de Barcelona. A l'interior s'hi poden contemplar tots els elements propis d'aquesta branca del cristianisme, on dominen les clàssiques icones.

Aquest petit temple, construït el 1910, va ser a l'origen una capella dels pares camils que, amb l'augment de població a la zona, va

Actual església ortodoxa russa a Barcelona.

acabar sent la parròquia de Sant Jordi de Vallcarca. Incendiada durant la Guerra Civil, va quedar en desús quan entre el 1965 i el 1973 es va construir una nova parròquia que la va substituir davant l'increment de la feligresia al barri. Va acabar sent magatzem i estudi de televisió, fins que l'any 2012 va ser cedida per l'arquebisbat a la comunitat ortodoxa russa.

Els primers anys van ocupar l'església en règim de lloguer, fins que la van adquirir definitivament el 2018. En aquests anys, els mateixos feligresos han participat en la reforma de l'edifici i de mica en mica s'ha anat equipant amb els elements propis de la fe ortodoxa. Hi destaca l'anomenat *iconòstasi*, el mur compost amb les figures —icones— de sants que separa el presbiteri de la resta del temple. Entre les icones també hi ha sant Jordi, en record del passat catòlic de l'edifici, i santa Eulàlia, per ser la patrona de Barcelona, i és la primera representació de la santa seguint els cànons ortodoxos.

Moltes d'aquestes icones i altres elements que decoren la parròquia actual, anomenada de l'Anunciació, han estat portats des de Rússia i patrocinats per alguns dels feligresos. Ara, el pare Serafí, monjo responsable del temple, que també exerceix com a vicari general a Espanya, ha iniciat de nou les obres pendents de l'edifici, interrompudes per la pandèmia.

La comunitat ortodoxa russa de Catalunya la componen unes 1.500 persones, i la seva església de Vallcarca té una capacitat d'entre 200 i 300 feligresos.

Interior de l'església ortodoxa.

La primera edició de

BARCELONA SECRETA
VOLUM IV

de Xavi Casinos
es va acabar d'imprimir a Barcelona
la segona quinzena de febrer del 2023